La Triple Frontera

Alteridad y frontera en la Literatura entre México y Guatemala

Atahualpa García Ibarra

La Triple Frontera. Alteridad y frontera en la Literatura entre México y Guatemala
Atahualpa García Ibarra
(Masterarbeiten in InterAmerikanischen Studien; 1)
ISBN 978-3-946507-35-2

Herstellung und Vertrieb: Books on Demand, Norderstedt

Der vorliegende, leicht überarbeitete Text wurde im August 2015 als Masterarbeit im Studiengang InterAmerikanische Studien an der Fakultät für Literaturwissenschaften und Linguistik der Universität Bielefeld angenommen.

Coverdesign: Alina Muñoz

Contenido

Prólogo: Estudios Interamericanos: el tercer espacio, la tercera margen, la tercera frontera

Los Estudios Interamericanos no se detienen en las fronteras entre América del Norte y Latinoamérica ni en las demás divisiones lingüísticas, culturales o geográficas del continente y del Caribe. Al contrario, lo que los distingue es que dirigen su enfoque a las múltiples lineas divisorias de América así como a los variados contactos, cruces y conflictos que ellas provocan. Su intención no es identificar una cultura o entender una sociedad como si fueran entidades cuya autonomía les permitiera existir aparte, sin que los procesos de interacción con su entorno y contexto las afectaran. Más bien, el paso y el pasaje entre los países y las regiones constituyen el interés del análisis. Se estudian las dinámicas transnacionales y transculturales que culminan en la era de la globalización y que conducen al surgimiento de entre-espacios en los que las culturas se confunden y las sociedades se confrontan.

Tal perspectiva en realidad se impone si tenemos en cuenta el juego entre heterogeneidad/disparidad de un lado y semejanza/convergencia del otro, el cual es tan característico para la América, que en realidad se hace reconocer antes por su pluralidad y sus diferencias. En este sentido, la relación con el otro es determinante y a todo el continente y al Caribe se le impone la otredad con respecto a Europa. Al mismo tiempo, los procesos de colonización fueron desiguales en las Américas, con sus múltiples devastaciones, esclavizaciones y mestizajes. Si el Nuevo

Mundo iba a ser una nueva versión de Europa, o incluso una Europa renovada, que iba tomando forma en fundaciones como New England, Nueva España, Nouvelle France, etc., los resultados se impregnaron de diferencias: o porque se trataba de crear una "nueva sociedad" que rompe con la Historia y que ofrece oportunidades al hombre "sobrio, honesto y laborioso" cuyo interés propio (self-interest) haría avanzar la civilización y exterminaría al salvajismo (y a los salvajes) (ver Crèvecoeur 1904); o porque las reproducciones y las duplicaciones europeas en tierras americanas se infiltraban del pensamiento salvaje y se contaminaban con los elementos autóctonos, lo que inevitablemente corrompía cualquier principio de pureza e identidad. Colonialidad produce inferioridad aún después de la independencia, y las apropiaciones de los modelos metropolitanos por parte de las colonias y poscolonias siempre los distorsionarán y los alterarán. Visto desde este ángulo, la excentricidad que resulta de esa condición pone en juego la propia noción de origen y su supremacía. Bajo la colonialidad, escribir significa leer, re-escribir y re-articular. Así, la América constituye un entre-lugar entre la periferia y el centro, entre la copia y el original y entre la alteridad y la identidad (ver Santiago 2000).

Lo que está en juego es un tercer espacio en que la imposición colonial de la identidad y la legitimidad de la metrópoli se diluyen y se combaten. En el intersticio entre lo uno y lo otro, la constancia del origen y de su tradición se suspenden en favor de una temporalidad inestable en que la diferencia revuelve todo. El espacio in-between se presenta como híbrido en la medida en que la diversidad y la incongruencia no se resuelven. En el entre-lugar, las dos partes que están en contacto interaccionan, no raras veces bajo condiciones de predominio o dominación (colonial), de lo que resulta algo distinto, que no coincide por completo ni con una parte ni con la otra. Por consiguiente, lo que diferencia esta zona intermedia es un tercero, que, al estar relacionado con ambas partes, al mismo tiempo difiere de ellas. En realidad, la apropiación tercera de tradiciones y paradigmas se debe a que la cultura en sí carece de consistencia puesto que para su significado y singularidad dependen de prácticas discursivas. Al no contar con una esencia que les sea propia y que les confiere soberanía, las culturas se relacionan y se traducen. Ellas se confunden en un tercer espacio en donde mismidad y otredad dejan de oponerse (ver Bhabha en Rutherford 1990: 210-212 y Bhabha 1994: 36-39).

La "tercera margen del río" es una figura del pensamiento que el escritor João Guimarães Rosa introduce en su famoso cuento homónimo ("A terceira margem do rio"), publicado en la antología *Primeiras estórias* en 1962. En el cuento se modela la noción misma de un tercer espacio como una inconcebible tercera alternativa para una situación que en principio solo prevé dos opciones. El yo-narrador cuenta la historia insólita de su familia que vivía en la orilla de un río muy ancho. Un día, el padre manda construir una canoa, pero nunca explica sus intenciones. Cuando está lista, y sin decir palabra, parte en la canoa al río. Lo misterioso es que el padre no se encamina a ninguna parte – abandona la margen en que vivía con la familia, pero no se dirige a la orilla del otro lado del río. No va ni río arriba ni río abajo. Nunca más desembarca y pisa tierra, sino que opta por el "medio a medio" del río:

> Nuestro padre no regresó. No iba a ninguna parte. Sólo ejecutaba la invención de permanecer en aquellos espacios del río, de medio a medio, siempre en la canoa, para no salir de ella nunca más. Lo extraño de esa verdad espantó a la gente. Aquello que no había, acontecía.[1]

Por lo que indica, el padre se dirige a un peculiar entre-lugar entre presencia y ausencia, ya que deja de convivir con la familia, pero no la abandona: está "cerca y lejos de su familia" ("perto e longe de sua família dele" [Rosa 1978: 28]). Se mantiene a distancia y suspende la comunicación con sus familiares, pero no desaparece y permite que lo avisten de vez en cuando. Tal tercer margen aparece como un espacio imposible en que se suspende un posicionamiento inequívoco —en favor o en contra, presente o ausente— de lo que resulta una paradójica ausencia presente o presencia ausente. La familia deja de hablar del padre, pero no lo olvida y lo hace presente en su memoria:

> Y jamás habló palabra con persona alguna. Nosotros,

---

[1] "Nosso pai não voltou. Ele não tinha ido a nenhuma parte. Só executava a invenção de se permanecer naqueles espaços do rio, de meio a meio, sempre dentro da canoa, para dela não saltar, nunca mais. A estranheza dessa verdade deu para estarrecer de todo a gente. Aquilo que não havia, acontecia." (Rosa 1978: 28)

> tampoco, hablamos más de él. Sólo pensábamos. No, de nuestro padre no se podía haber olvido, y si, por un rato, uno hacía como que olvidaba, era apenas para despertarse de nuevo, de repente, con la memoria, al provocarse otros sobresaltos.[2]

Todo indica que en la tercera margen la familia patriarcal se desintegra. El padre se convierte en un recuerdo inquietante. Al principio pareciera que la extraña lejanía cercana de la figura paterna fuera la de una especie de tótem, y que el patriarcado se erigiera en este régimen de ausencia presente del padre. Sin embargo, el régimen patriarcal –el tabú del incesto y el intercambio de mujeres– no se impone y la familia se disuelve. Ni las palabras se intercambian, la comunicación se suspende y los familiares van dejando el hogar y desaparecen. Es decir, no se introduce un orden social alternativo, un matriarcado en el que la madre define las relaciones sociales. Porque, en la familia del yo-narrador, la madre ya "regía" antes de que el padre se fuera. Después de su partida, ella intenta restablecer el antiguo orden llamando a un hermano para que ayudara en los negocios. No obstante, al final, ella acaba por abandonar el lugar siguiendo a su hija. En fin, lo que se vislumbra como tercera margen no es otro tipo de sociedad sino la paradoja de una no-sociedad que no es ni

---

[2] "E nunca falou mais palavra, com pessoa alguma. Nós, também, não falávamos mais nele. Só se pensava. Não, de nosso pai não se podia ter esquecimento; e, se, por um pouco, a gente fazia que esquecia, era só para se despertar de novo, de repente, com a memória, no passo de outros sobressaltos" (Rosa 1978: 30).

interacción entre los hombres ni aislamiento (completo) sino un perturbante "medio a medio". Es como si sin convivir con otros, un hombre no siguiera siendo hombre: el padre se va deshumanizando y se parece cada vez más a un "animal" (Rosa 1978: 30). De hecho, al final del cuento, cuando, ya viejo, el yo-narrador logra llamar al padre y éste se acerca por primera vez después de décadas, el narrador protagonista se espanta con la idea de su padre, ya que solo puede imaginarlo originario del "más allá". La rareza de la tercera margen resulta insoportable y asombrosa: antes de que llegara su padre, el yo-narrador huye para no tener que mirarlo:

> Yo no podía... Con pavor, erizados los cabellos, corrí, huí, me arranqué de ahí en un proceder desatinado. Porque me pareció que él venía: de la parte del más allá. Y estoy pidiendo, pidiendo, pidiendo un perdón.[3]

El tercer espacio escapa a la oposición entre patriarcado y matriarcado, y entre una sociedad sin padre y con padre. Como alternativa radical al orden binario sobrepasa la capacidad imaginaria y acaba por ser asociado a lo sobrenatural. La tercera margen resulta horrorosamente inconcebible.

Atahualpa García Ibarra escribe sobre la "triple frontera" en la literatura mexicana y guatemalteca. Lo interesante en

---

[3] "E eu não podia... Por pavor, arrepiados os cabelos, corri, fugi, me tirei de lá, num procedimento desatinado. Porquanto que ele me pareceu vir: da parte de além. E estou pedindo, pedindo, pedindo um perdão" (Rosa 1978: 32).

su trabajo es, entre otras cosas, que la frontera en cuestión es entre México y Guatemala. Obviamente, el mérito del estudio es redireccionar la mirada de la frontera norte mexicana hacia el sur y enfocar la 'otra' frontera mexicana. Menos como frontera y más como zona fronteriza, está en cuestión el entre-espacio en que identidad y alteridad se hibridan. La frontera norte entre México y Estados Unidos es muy estudiada porque allí el norte y el sur globales se confrontan y se confunden de manera singular. Pero no es la única zona fronteriza del continente, y los Estudios Interamericanos, si no pretenden agotarse en las relaciones EUA – México/América Latina, deben dedicarse a los diversos espacios y procesos de transgresión y confrontación que constituyen las Américas.

Sin embargo, lo novedoso del presente estudio no reside exclusivamente en un objeto poco estudiado el cual merece más atención dada la dimensión de los flujos migratorios que caracteriza la frontera entre México y Guatemala. Más bien, lo que distingue al libro es el logro conceptual de repensar la frontera como un tercer espacio que no se define (solo) por dividir dos países. Al mismo tiempo, el orden se suspende en el intervalo fronterizo y mismidad y otredad dejan de formar oposiciones. Lo que demuestra el autor en este contexto es que la frontera entre México y Guatemala no es solo una frontera entre dos países sino entre tres. No obstante, el tercer país en cuestión no colinda geográficamente con México y Guatemala. Se trata de Estados Unidos y de su peculiar presencia ausente en la frontera sur mexicana. Esta cercanía distante de EUA en el sur de México y en el norte de Guatemala no es solo imaginaria, sino que el control de los flujos migratorios hacia el norte ya opera en esta zona liminal. En otras palabras, hay una tercera frontera que interviene en el "medio a medio" entre México y Guatemala y que hace que se trate de una "triple frontera". El libro demuestra que tal frontera en realidad es una zona interamericana en que las Américas se entrelazan. Como tercer espacio, la frontera no se limita a demarcar dos territorios. El estudio hace ver que ella puede incluir otro territorio distante integrando una tercera frontera que no está. La frontera, en este sentido, no se restringe a contornear un territorio existente. Al mismo tiempo puede extenderse sobre el territorio mismo en su totalidad. En el caso estudiado, la intervención de la tercera frontera con EUA en la división entre Guatemala y México representa la extensión de la frontera norte hacia el sur. Este avance de la frontera con EUA acaba por convertir a todo México en una larga zona fronteriza entre Centroamérica y Estados-Unidos.

En este sentido, la noción de la tercera frontera ejemplifica magníficamente que la frontera constituye un entre-lugar desde el cual el espacio se atraviesa, se recrea y se re-ordena. El presente estudio logra de esta manera replantear el concepto de la frontera como un tercer espacio en el que lejanía y cercanía ya no se excluyen, en el que no hay separación sino cruce y en el que el territorio no se define, sino que se cuestiona.

Bibliografía:

Bhabha, Homi K. (1994): The Location of Culture. London; New York: Routledge

Crèvecoeur, J. Hector St. John de (1904) [1782]: "Letter III: What is an American?", in: Letters from an American Farmer. Reprinted from the Original Edition. New York: Fox, Duffiield & Company, 48-118

Rosa, João Guimarães (1978) [1962]: "A terceira margem do rio", in: Primeiras Estórias. Rio de Janeiro: José Olympio, 27-32

Rutherford, Jonathan (1990): "The Third Space. Interview with Homi Bhabha", in: idem (ed.): Identity: Community, Culture, Difference. London: Lawrence and Wishart, 207-221

Santiago, Silviano (2000): „El entrelugar del discurso latinoamericano", in: Adriana Amante y Florencia Garramuño (eds.): Absurdo Brasil. Polémicas en la cultura brasileña. Buenos Aires: Biblos, 61-77

Joachim Michael

Agradecimientos

Los últimos dos años y medio experimenté lo que significa migrar para conseguir lo que uno más quiere. Ahora con todo ese tiempo en la espalda, muchas experiencias buenas y malas, termino esta tesis de maestría.

Viví lo que significa la distancia, el Heimweh (nostalgia de casa), el sobrevivir sin comida mexicana y sobre todo estar lejos de los seres queridos. Por todo esto, quiero agradecer a mis tan variadas familias. A mi jefe con sus pláticas sobre las chivas, mi carnal por los domingos de videojuegos y a toda mi familia mexicana, sea de sangre o por decisión, gracias por su apoyo incondicional. Agradezco a mi familia alemana-bielefeldeña-, compañeros de IAS, amigos alemanes o latinoamericanos, por ser parte de esta aventura. No puedo olvidar a la famiglia italiana, le tatalone, de no ser por ellas Bielefeld nunca habría sido mi segunda casa.

En general, no me queda más que agradecer a cada una de las personas con las que he compartido, cruzado o eliminado fronteras. Este trabajo es fruto de cada uno de esos intercambios. ¡Muchas gracias!

Para Sonia, que su presencia me ayude a buscar siempre
ser la mejor versión de mí mismo.

Si yo pudiera de donde estoy,
ay amor, hacerte venir
para encender la ciudad y el sol
con ademanes de tempestad,
si yo pudiera de donde estoy
ganar la prisa y volver al mar.

Amaury Pérez

1. Introducción

*Que cuando se topen con lo que existe sepan que hay otros,
como tata, que también mascullan sus rencores. Tiene que
hacerles entender que el norte no existe porque el norte está
donde todo es sur.*

La Mara, Rafael Heredia.

1.1   Planteamiento

En las sociedades actuales resulta cada vez más importante
el estudio de las fronteras y de los procesos migratorios
que se desarrollan a través de ellas. Si bien estos procesos
implican un gran número de factores económicos,
políticos, sociales y culturales, el estudio y visibilidad de
la problemática perteneciente a cada frontera varía según
los países o territorios involucrados.

En México los estudios de la frontera se han enfocado
principalmente en la zona del norte con la relación México
– Estados Unidos. Hay varios estudios culturales en los
que toman como base la literatura producida en y acerca
de la frontera para interpretar las dinámicas migratorias y
transnacionales de la región. Se ve a la frontera como un
tercer espacio –*Borderlands*- (Soja 1995) donde se
resignifican los conceptos de espacio, territorio, límite,
alteridad y género.

14

En cambio, la frontera de México con Guatemala, definida geopolíticamente a finales del siglo XIX, prácticamente no ha sido estudiada. Es un espacio que se percibe como frágil ya que existe una continuidad cultural y un círculo comercial. *La frontera del norte empieza ya en el sur de México, entre Guatemala y Chiapas* (2008) comenta Marco Kunz en su estudio sobre *La Mara* de Rafael Heredia; Concuerdo que no se puede estudiar la una sin la otra, sin embargo, se puede iniciar desde un distanciamiento con el norte y por qué no decir *La frontera sur termina en el norte de México.*

La necesidad de realizar un trabajo sobre la frontera sur - desde el punto de vista mexicano-, parte de la invisibilidad y silencio en la que viven los actores que la cruzan. Particularmente, si esta investigación toma como objeto de estudio la producción literaria en la región que conforma la frontera, es necesario señalar que tanto la literatura producida en el sur mexicano como la de Centroamérica – en este caso Guatemala- se tratan de narrativas periféricas con muy poca resonancia dentro del mundo editorial, cultural o académico.

Parto de dos objetivos básicos, el primero es buscar si existen casos o ejemplos de literatura fronteriza dentro del espacio que se estudia, de ser así, lo siguiente sería analizar e identificar la manera en que se representa la frontera y alteridad dentro de esta literatura.

La primera parte de esta tesis consiste en contextualizar de manera histórica a lo que llamo frontera entre México y Guatemala. Menciono los conflictos y las estructuras que existían desde antes de la etapa colonial, prosigo con la formación de las dinámicas coloniales en la región para centrarme en la última gran modificación que sufrieron los límites entre estos dos estados-nación. En el siglo XIX se forman de manera definitiva las naciones actuales que conforman la región fronteriza al concretarse las independencias en América Latina. No es hasta finales de siglo cuando se firman los tratados definitivos que establecen por dónde pasa la línea divisoria entre los dos países involucrados.

Tras situar el estudio en un lugar geográficamente e históricamente reconocible, es necesario revisar la teoría existente acerca de la frontera y que nos podrá ayudar en el posterior análisis del corpus literario. En primer lugar, propongo realizar una lectura de la teoría fronteriza creada entre México y Estados Unidos, ya que estos estudios se han convertido en pilares académicos en la materia. Además, no existen muchas investigaciones que se involucren con la frontera México- Guatemala de manera individual en cuanto a su dimensión cultural, por lo que tomar como punto de inicio lo realizado en otras fronteras me permitirá tener un primer acercamiento para luego realizar una propuesta específica. De igual manera, mediante un repaso por la literatura fronteriza producida entre México y Estados Unidos, contextualizamos esa teoría en ejemplos de corpus literario para seguir con la búsqueda que propone este trabajo.

Al contar con una base teórica y con la búsqueda de literatura fronteriza en el lugar, me interesa aproximarme a los ejemplos de textos fronterizos que encontré durante mi investigación. Para facilitar este acercamiento decidí separar los textos por nacionalidad del autor o perspectiva de la que escriben. Algunas aproximaciones toman lo fronterizo como solamente los autores que nacen y escriben en el espacio definido como frontera, sin embargo, en este análisis tengo en cuenta textos que fueron producidos ya sea dentro de este espacio o que, a pesar de ser escritos por autores no fronterizos, aborden el tema de la frontera y la situación que se vive en esa región.

El último objetivo de este trabajo será intentar generar interés en la zona, visibilizar las voces literarias que se generan allí, colaborar para que la frontera no sea reducida a permanecer en la periferia del norte, sino como un objeto de estudio independiente, pero a la vez interrelacionado. En todos lados hay nortes, y muchas veces el sur de algunos es el norte de otros.

1.2 Apuntes Liminares

El título original de esta investigación era *La 'otra' Frontera* sin embargo al adentrarme más en el tema y analizar el objetivo de proponer un nuevo acercamiento a la frontera entre México y Guatemala, resultó imposible mantener ese título. Hacerlo sería repetir el posicionamiento hegemónico que relega a Guatemala, y en general a Centroamérica, a un segundo plano. Así como Kunz menciona que la frontera norte inicia en el sur de México, reproducir ese tipo de discurso fronterizo centralizado en el norte de México y focalizado en la perspectiva mexicana es negar la existencia de la frontera, de sus actores y de sus dinámicas particulares. Con todo esto, decidí cambiar el título a *La triple frontera* haciendo mención desde el inicio de la característica principal que se presenta en la frontera tratada.

De igual manera, mi contexto cultural fue un aspecto de análisis y reflexión al momento de enunciación o escritura del presente trabajo. Uno como investigador intenta armar su proyecto partiendo de la objetividad, sin posicionamiento alguno. Sin embargo, mi condición de ciudadano mexicano, el vivir más de 20 años en su territorio y haber estudiado la licenciatura en Letras Hispánicas en cuyo programa se prioriza la literatura mexicana y española, se convirtió en un problema para mí. La labor de escritura se transformó en una lucha contra fronteras culturales propias en las que de manera natural me posicionaba del lado mexicano como el *nosotros* y desplazaba automáticamente a Guatemala a la posición del *otro*.

1.3   Contexto Histórico

Aunque mi investigación se dirija a estudios culturales y literarios, en este caso es importante realizar un recuento histórico de la región y de manera más exacta, de la frontera entre México y Guatemala. En la actualidad este límite entre estados-nación retoma importancia debido a su fuerte actividad migratoria, sin embargo, se pueden reconocer diferentes etapas en común dentro de la formación histórica de la frontera. En la época prehispánica como en la colonia existieron luchas entre tribus y cacicazgos, además ya se discutía por las fronteras entre reinos, virreinatos o provincias (Pohlenz 2005), aspectos que sin duda son importantes para la historia de la región pero que en el actual trabajo no serán tratados.

Hablar de la frontera entre México y Guatemala presupone aceptar una definición geopolítica de frontera como la que propone Nweihed y que Schacht comenta:

> fronteras, que se define como el límite del territorio de un Estado, la línea determinante donde comienzan y acaban los territorios de los Estados vecinos y, en una acepción más amplia aún, debe entenderse que la frontera delimita no sólo el territorio de dos Estados, sino también el de un Estado y un territorio nullius (Schacht 1992).

Si bien las dinámicas actuales en la región no son provocadas únicamente por el aspecto político sino por la constante interacción y pasado común; no es hasta después de la conformación de los estados-nación modernos cuando se da la última gran reconfiguración del llamado espacio fronterizo.

Como mencioné párrafos atrás, durante la época colonial y hasta antes de las independencias, ya se podía hablar de una región fronteriza. Esta zona era el punto de contacto entre el reino de México y la capitanía general de Guatemala. Aunque las dos pertenecían al Virreinato de Nueva España, la segunda se organizaba de manera independiente. Esto es considerado como punto de partida clave para las relaciones de los futuros estados-nación - México y Guatemala- porque se ha prestado para malinterpretaciones debido a que tanto la definición de los límites como el control e injerencia de la zona cambió según la etapa y configuración política regional (Zorrilla

1984). La capitanía general de Guatemala fue considerada una entidad militar dentro del imperio español y a ésta pertenecían las provincias de Ciudad Real de Chiapas, Guatemala, San Salvador, Comayagua y la provincia de Nicaragua y Costa Rica. Durante el proceso de reconocimiento de las independencias se fue reconfigurando la organización de la capitanía, en 1812 mediante la Constitución de Cádiz se divide el territorio en dos con lo que la provincia de Nicaragua y Costa Rica se deslindaba de la capitanía, pero no fue hasta 1820 cuando la Ciudad Real de Chiapas fue asignada como nueva entidad de la monarquía sin relación alguna con el dominio guatemalteco. (Zorrilla 1984)

Un año después de la separación de Chiapas de la antigua capitanía, fueron reconocidas las independencias tanto de las cinco provincias que formaban el Reino de Guatemala como de México. Inició así otra etapa de ajuste político en la región, durante los siguientes años de inestabilidad se dejó congelado el asunto de los límites entre provincias hasta que El Plan de Iguala (1821) marcó la creación de un imperio centroamericano. Los territorios que integraban la capitanía general de Guatemala aprovecharon este momento y decidieron aceptar el formar parte del nuevo imperio mexicano. La intención de esto era ganar, con un poder central más distante, la autonomía que Guatemala no les daba. De igual manera la declaración de independencia y la anexión al corto imperio mexicano significaron para las familias criollas de Centroamérica una oportunidad de mantener sus beneficios y defenderse de un posible levantamiento del pueblo (Luján Muñoz 1998).

> Que siendo la independencia del Gobierno Español la voluntad general del pueblo de Guatemala, y sin perjuicio de lo que determine sobre ella el Congreso que debe formarse, el Sr. Jefe Político lo mande publicar para prevenir las consecuencias, que serían temibles en el caso de que la proclamase de hecho el mismo pueblo (Acta de Independencia de Centroamérica 1821).

Durante el Imperio Mexicano de Agustín de Iturbide fue el primer momento en que Chiapas se encontró bajo el control del naciente gobierno mexicano siendo hasta 1823, con la caída de Agustín I, que se declara finalmente la anexión definitiva al territorio de México, aunque la región del Soconusco se mantendría separada hasta 1842 (Luján Muñoz 1998). Ya sin la participación de Chiapas, se realizó la Asamblea Nacional Constituyente Centroamericana con la que se declaraba el 1° de julio de 1883 la independencia absoluta de España y de México (Luján Muñoz 1998) para con esto decidir un sistema federal que uniría cada provincia. Esta nueva configuración, con la cual Chiapas y Soconusco se incorporaron al territorio mexicano, originó muchos conflictos políticos y militares en la zona.

> El 12 de septiembre se llevó a cabo en Ciudad Real la votación sobre la agregación a México o Centroamérica, en la que participó Soconusco. El resultado favoreció a México (…) El 4 de octubre se promulgó en la ciudad de México la Constitución, que comprendía a Chiapas como parte de aquella república. (Luján Muñoz 1998)

Para México, el Soconusco estaba incluido con el resto de Chiapas, pero como mencioné, la cuestión se mantuvo indefinida y tanto la guerra civil y los diversos problemas de la recién República Centroamericana lograron desviar la atención del tema (Luján Muñoz 1998). Uno de los acuerdos en referencia al Soconusco era que este regresaría a Centroamérica en caso de que también lo hiciera toda la provincia de Ciudad Real de Chiapas. Sin embargo, al consumarse la desintegración de la federación se incorporó definitivamente el 15 de agosto de 1841 cuando el gobierno de Chiapas firma el acta para que el Soconusco forme parte de México. De manera oficial el 11 de septiembre, el gobierno central mexicano, encabezado por Santa Anna, proclama la reincorporación y eleva a Tapachula al rango de ciudad (Zorrilla 1984).

Durante las negociaciones del Tratado de Límites de 1882, se aplicó el principio jurídico de Uti possidetis, que es utilizado para lograr definir las fronteras de naciones en formación después de su proceso de independencia. Este concepto se tomó como base en diferentes países latinoamericanos para conservar los límites que existían en la época colonial. En el caso entre Guatemala y México, existió un conflicto durante las negociaciones del tratado de límites ya que si bien, el territorio en cuestión (Chiapas y Soconusco) ya estaba bajo el control mexicano, el gobierno guatemalteco reclamaba que se debería tomar como referencia los límites existentes en 1810 y no los definidos en 1821. Los diplomáticos mexicanos argumentaron que no fue hasta 1821 cuando España dejó de tener control de la región y que, al tratarse del reconocimiento de independencia, debía tomarse esa fecha como punto de partida.

Con la llegada del presidente Barrios a Guatemala se retoma el dialogo para solucionar la definición de los límites. Hubo varios frentes de discusión ya que, aunque había disposición de los dos lados para lograr un acuerdo, ninguno cedía en cuanto a los territorios en cuestión. El primer paso fue concretar un acuerdo inicial el día 7 de diciembre de 1877 al que se le llamó la Convención Uriarte Vallarte con la que *se establecieron los procedimientos para designar un grupo de seis ingenieros que estudiaran el trazo de la línea fronteriza* (Luján Muñoz 1998). El gobierno guatemalteco a través de Lorenzo Montufar solicitó mediación al gobierno de Estados Unidos, hecho que complicó las negociaciones. Al ver la dificultad de contar con la participación extranjera para solucionar el conflicto, Barrios decidió participar personalmente en la negociación. Ya el 12 de agosto de 1882 se logró llegar a un acuerdo y firmar las bases preliminares del tratado, donde es importante resaltar el artículo 1° en el que el gobierno guatemalteco debió prescindir de toda discusión sobre el territorio del estado de Chiapas y su departamento de Soconusco.

> La República de Guatemala renuncia para siempre los derechos que juzga tener al territorio del Estado de Chiapas y su Distrito de Soconusco, y, en consecuencia, considera dicho territorio como parte integrante de los Estados Unidos Mexicanos. (Tratado de Límites entre México y Guatemala 1882)

El tratado definitivo con el que se fija la frontera actual entre los dos países se firmó finalmente en la Ciudad de México el 27 de septiembre de 1882. Decidieron usar como guía al Rio Suchiate, aunque con esto no terminaron las discusiones o conflictos relacionados a los límites territoriales. Muchos historiadores señalan que el acuerdo fue beneficioso para México y durante los siguientes años, se debatió en Guatemala si el presidente Barrios había hecho lo correcto. (Sepúlveda 1983)

Uno de los conflictos diplomáticos ocasionados por el tratado fue el reclamo por la pérdida de territorio del lado guatemalteco puesto que las cifras varían de gran manera según los diferentes reportes. Las cifras dadas por el Ing. Claudio Urrutia en la memoria sobre límites (Zorrilla 1984) muestran que en total México cedió 5,530 km^2 mientras que Guatemala 9,140 km^2, sin embargo, Coutiño en su libro *Chiapas entre Guatemala y México: injusto motivo de discordias* (1967) señala que la pérdida de territorio guatemalteco alcanzó los 27,979 km^2 contra los 3,105km^2 que recibió a manera de compensación. Al mismo tiempo, los datos oficiales mencionan que el número de ciudadanos guatemaltecos que pasaron a vivir en territorio mexicano fue de 6,350 personas y 3,250 mexicanos quedaron a formar parte de Guatemala. Cabe señalar que este tipo de estadística debe ser tomada con cuidado pues, como Zorrilla explica, no se considera la cantidad de trabajadores y peones mexicanos que laboraban en la zona para concesionarias guatemaltecas y mexicanas de la industria maderera (1984). Aunque no sea posible llegar a una cifra o una resolución, para los historiadores el acuerdo fue claramente ventajoso para México mas no todos dan la razón a las demandas territoriales de Guatemala, que siguieron durante años con los gobiernos liberales,

> sin embargo, sus prioridades políticas lo llevaron a evitar un conflicto armado con México que hubiera puesto a temblar los cimientos de la compleja red de relaciones internacionales en torno de la región. (Toussaint 2005)

A pesar de que la frontera sufrió a finales del siglo XIX su última definición geopolítica, los conflictos sociales por el tratado de límites continuaron durante años. La inestabilidad en la región causada por flujos en ambos sentidos de asilados o refugiados provocó discusiones diplomáticas. Esta situación se vio alterada por sucesos históricos a nivel local y mundial como las guerras mundiales, la revolución mexicana, los regímenes totalitarios y el intervencionismo estadounidense. Si bien mencionar estos procesos históricos es importante para un estudio histórico o sociológico de la región, para el presente trabajo no son relevantes. Solamente era necesario delimitar la zona de estudio y recorrer la formación histórica de lo que ahora se conoce como la frontera entre México y Guatemala.

En la actualidad la zona fronteriza llama la atención de académicos, empresarios, periodistas y de la población en general ya que, de acuerdo con Andrés Fábregas:

> Dos factores internos y uno externo contribuyeron significativamente a que la frontera sur apareciera en la conciencia de los mexicanos. Los factores internos son

> la intensificación en la explotación de diversas fuentes de energía al servicio de la nación (…) y el surgimiento y consolidación de uno de los centros turísticos más importantes del Caribe como lo es Cancún en el estado de Quintana Roo. El factor externo fueron los complejos procesos protagonizados por los pueblos de Centroamérica, particularmente a partir del inicio de los años setenta. La conjunción de estos factores le enseño al país la existencia en el sur de una frontera de naturaleza disímil a la del norte. (Fábregas 2005)

En los últimos años, el sur mexicano recobró importancia tanto al nivel local como (trans)nacional desde los levantamientos del Ejercito Zapatista de Liberación Nacional en enero de 1994, cuyo movimiento sigue activo y muy presente dentro de las comunidades indígenas de Chiapas. Del lado guatemalteco, los conflictos internos marcados por la guerra civil, la militarización y que no fue hasta 1996 cuando oficialmente termina la guerra, han sido factores determinantes en los flujos migratorios. Aunque Guatemala no esté tan presente en los medios masivos, esta situación logró que se discutiera la problemática de la región.

Si bien existen censos que indican la densidad de población en la región, no se puede tener una cifra exacta de la población que habita la frontera, debido a los distintos flujos migratorios, ya sean legales o ilegales. En el censo del lado mexicano en el 2000 se tiene registrado un total de 1'336,312 personas en la región, divididas en veintiún municipios dentro de los estados de Campeche, Chiapas, Tabasco y Quintana Roo (Fábregas 2005). A su vez del lado guatemalteco, la correspondencia se da con los departamentos de San Marcos, Huehuetenango, El Quiché, Alta Verapaz y el Petén, que entre todos llegan a una población de 3'439,986 personas (Instituto Nacional de Estadística 2002). Sin embargo, no se determina el número de individuos que viven en la franja estrictamente fronteriza y como ya mencioné, la intensa actividad migratoria hace casi imposible elaborar una estadística de esta índole.

Lo importante de mencionar las cifras es poder determinar los puntos en los que se localiza el mayor contacto entre regiones, Jéssica Nájera Aguirre en su estudio sobre trabajadores migrantes y sus familiares en la frontera México-Guatemala resalta que

> la zona de intercambio poblacional, comercial, laboral y migratoria entre estos dos países se ha concentrado, en su mayoría, entre el estado mexicano de Chiapas y el departamento de San Marcos (Nájera 2013).

En su trabajo afirma que el 60% de la movilidad poblacional y migratoria entre los dos países se realiza en la zona entre Ciudad Hidalgo – Talismán, y Tecún Umán – El Carmen, que junto a otros seis cruces peatonales conforman las vías "formales" o con presencia de autoridades migratorias mas también existen

> cientos de puntos de cruce peatonal "no formales", o sin presencia de autoridades migratorias, por el que transitan los trabajadores guatemaltecos a territorio mexicano (Nájera 2013).

El hecho de que los cruces y la actividad fronteriza se focalicen en algunos sitios particulares se ve reflejado en las producciones culturales, en este caso, la literatura producida entre México y Guatemala. Aunque trataré el tema más adelante, la literatura producida en la región suele localizar la narración en alguno de estos puntos urbanos que son conocidos por su importante flujo migratorio.

2   Frontera, límite, espacio

2.1   Frontera

Hasta el momento nos hemos acercado al tema de la frontera por su nivel de significación netamente geopolítico, es decir, lo que está enfrente o como el confín de un estado-nación, ya que pareciera que es la faceta más visible y que ayuda a entender de manera más clara las relaciones entre pueblos y naciones.

Existen investigadores que han tratado de definir y problematizar los significados de frontera, límite y territorio, por ejemplo, el investigador Kaldone G. Nweihed realiza un exhaustivo estudio de las fronteras e inicia lo que el autor presenta como la *fronterología*. En la primera parte de su trabajo describe las herramientas necesarias, terminología, definiciones y usos, con lo que otorga la base perfecta para iniciar un estudio fronterizo. Él parte de las reglas primarias de la ecología para caracterizar el fenómeno fronterizo: la interdependencia, la limitación y la complejidad (Nweihed 1992).

Así, las fronteras dentro del ámbito de la geografía política presentan esta sistematización ecológica, puesto que con esto se crea un sistema internacional –en el sentido entre naciones- en el que no se logra una independencia ya que existen relaciones de poder. No se puede crecer de manera ilimitada y en su totalidad se presentan un sinfín de relaciones y actividades complejas que alteran varios de sus elementos.

Si bien su estudio apunta al "mundo real", mientras que deja de lado lo "ideal" debido a que se basa en la geografía política, distingue las diferencias teóricas entre frontera y límite. Estos conceptos comúnmente son usados de manera indistinta, puesto que *la existencia de frontera conduce al límite y el trazado de límites presupone una frontera* (Nweihed 1992). Esto lleva a una yuxtaposición de significados, es importante entonces diferenciar el sentido de los dos conceptos, por lo que Nweihed afirma que:

> La frontera es territorio compartido y el límite una línea imaginaria que lo divide jurídicamente. La frontera es, por tanto, una franja potencialmente habitable por un conglomerado humano perteneciente a dos o más nacionalidades distintas. (…) El límite como noción lineal es más un símbolo que una realidad corpórea. Se traza sobre los mapas, ya sea siguiendo accidentes naturales como ríos, montañas o lagos. (Nweihed 1992)

En cambio, Alejandro Grimson (2010) evita la discusión sobre la terminología y apunta a un estudio etnográfico de diferentes fronteras, así en plural. Apunta que intentar generalizar todas las situaciones de frontera dentro de un mismo concepto o paradigma sería caer en simplismo. Acusa el etnocentrismo mostrado por los trabajos en los que se coloca a la frontera entre México y Estados Unidos como el modelo por excelencia de frontera en el mundo contemporáneo (Álvarez 1995). Las fronteras aparte de ser heterogéneas, no pueden ser equiparadas entre sí, ya que todas las características que las conforman, como su historia, aspectos socioculturales, desigualdades, relaciones entre los grupos que la viven, hacen de este espacio específico una configuración única mas no independiente. Este aspecto histórico de la frontera adquiere importancia, ya que también la localidad tiene su nivel de acción y reacción durante la creación de la frontera: ésta no se crea de manera espontánea para aparecer como dos o más grupos.

Es necesario ver a la frontera no tanto como un espacio unido sino pensarla como una idea, una serie de conexiones en las que todos sus participantes, significados, contornos, se encuentran en un constante flujo (López 2011). Estos flujos crean la sensación de una falsa unidad, si el límite favorece la fragmentación, el contacto continuo y las relaciones históricas y socioculturales producen homogeneidad (Lefebvre 1991). Sin embargo, este tipo de contacto y relaciones se generan normalmente dentro de un discurso nacional que suele ser asimétrico, de arriba hacia abajo, del centro a la periferia, a la frontera:

> Las zonas fronterizas constituyen espacios liminales donde se producen a la vez identidades transnacionales, así como conflictos y estigmatizaciones entre grupos nacionales (Grimson 2010).

Esta configuración les otorga a las regiones fronterizas una dualidad particular, mientras que pueden ser espacios de la mayor desigualdad por las relaciones asimétricas que la forman, se pueden resignificar en un agente de cambio desde dentro de la localidad hasta en un nivel global – aspecto glocal.

2.2 Tercer espacio

En 1960 aparece una nueva corriente teórica que se aproxima desde otra perspectiva a la geografía y a los estudios sobre el espacio; se identifica a este nuevo acercamiento como geografía de la percepción. Con investigaciones como la de Kevin Lynch, que refuerza la dialéctica entre espacio objetivo y espacio subjetivo (Vara 2010).

La importancia por interpretar la relación entre la concepción física o material del espacio con su apropiación subjetiva provocó que en los últimos años del siglo XX se presentaran otras propuestas de análisis que parten de problematizar la actual dualidad entre las ideas de espacio. Así el primero en abrir la discusión hacía una trialectica sería Lefebvre (Soja 1996), cuya principal aportación es que concibe al espacio como un producto social. Si éste puede ser al mismo tiempo tanto real como mental, genera una nueva categorización del espacio (Ramírez 2004); con esto propone una triada conceptual, espacio percibido, concebido y representado.

- El espacio percibido o práctico es relacionado con lo material, lo físico *e incluye una asociación del espacio percibido entre la realidad diaria [la cotidianidad] y la realidad urbana [las rutas y redes].*

- El espacio concebido se contempla más como mental o subjetivo, es la conceptualización o representación del espacio que *trabajan de diferentes maneras a partir de signos, sean verbales o materiales.*

- El espacio vivido o de representación se asocia directamente a la experiencia subjetiva, se crea una interrelación entre el espacio percibido y concebido, *desde aquí es el espacio de los 'habitantes' y los 'usuarios', pero también de algunos artistas [...] que lo describen y no aspiran más que a describirlos* (Lefebvre 1991).

Los conceptos de Lefebvre aportaron nuevas alternativas para los estudios de sociología y otras disciplinas. En el caso de estudios fronterizos como el mío, fue la base de otras investigaciones en las que se puede insertar al concepto de frontera. Edward Soja retoma esta triada y propone un nuevo pensamiento trialéctico que permite comprender y analizar la compleja relación entre espacialidad, historicidad y el ser. En Soja se numeran los espacios caracterizados en Lefebvre, primero, segundo y tercer espacio, con lo que se profundiza la ruptura con el dualismo sociedad- naturaleza.

El concepto del tercer espacio puede ser identificado en los espacios fronterizos ya que es en estas zonas donde esta *Thirdspace perspective* (Soja 1995) ayuda a estudiar las dinámicas que se presentan entre diversos grupos.

La trialéctica de la espacialidad comprende los tres espacios mencionados por Lefebvre, y que Soja toma en su texto y los denomina primero, segundo y tercer espacio, respectivamente. Esta triada permite superar las tradiciones dialécticas como espacial-social, espacio-tiempo, ya que estar en el mundo, comprenderlo e interpretarlo es pensar trialécticamente (por ejemplo, se rompe con el dualismo sociedad-naturaleza porque se socializa la naturaleza una vez que se pone en uso, es decir tiene historia, que proviene de los diferentes usos que le han sido dados a lo largo del tiempo, por las distintas culturas, etc.). Por eso ninguno de los tres espacios pueden comprenderse aisladamente, aunque pueden estudiarse de forma separada, pensar trialécticamente significa comprender la realidad multidimensionalmente, es decir en forma compleja.

El ser trialéctico permite iniciar un dialogo entre los dos campos ontológicos del conocimiento: historicidad y socialidad, al incorporarse la espacialidad. La espacialidad es descrita, para Soja, como un producto social y parte integral de la construcción material y estructuración de la vida social. Entonces, abordar esta *third space perspective* del ser consta de los tres aspectos; porque ser significa estar en el mundo, estar vivo es participar en la producción social del mismo espacio, darle forma y al mismo tiempo ser influenciado por la espacialidad, la historicidad y la socialidad.

Estudiar las fronteras con el fundamento de la perspectiva del tercer espacio, proporciona un acercamiento interdisciplinario característico de los estudios interamericanos. En cuanto a la región particular entre México y Guatemala un pensamiento trialéctico puede ser de gran utilidad debido a la configuración socio-espacial presente en la zona. En esta frontera, la historia, el espacio y los grupos sociales han desarrollado relaciones estrechas que afectan la dinámica actual entre ambas partes. Analizar la frontera partiendo desde la categoría espacial debe enfatizar el pensamiento acerca del espacio, cómo es imaginado y cómo se representan las relaciones que se desarrollan a partir de éste.

De igual manera que Soja acusa que el historicismo ha privilegiado al tiempo sobre el espacio (Borch 2012) últimamente los estudios fronterizos se han focalizado en la categoría espacial. Al existir gran continuidad espacial dentro de la región entre México y Guatemala, es interesante observar si dentro de los estudios liminales, adquiere el aspecto del tiempo mayor presencia dentro de las representaciones culturales del tercer espacio.

2.3   Triple frontera

Si Bourdieu (1980) argumenta que todo espacio socio-geográfico se trata de una construcción social. En función de poder utilizar el término de la *triple frontera* en mi investigación, resulta pertinente revisar su origen. Este concepto se utiliza principalmente para nombrar una región en particular, el lugar en el que se entrelazan los territorios de Brasil, Argentina y Paraguay. Verónica Giménez Béliveau apunta que ésta se origina en un momento particular y con actores claros:

> La "triple frontera" como territorio "nominado" responde a esta lógica de intervención de agentes históricos portadores de proyectos políticos definidos: ésta estrena, así, su distinción geográfica a mediados de la década de 1990, junto con una serie de rasgos ligados a la supuesta inoperatividad de los Estados argentino, brasileño y paraguayo para controlar eficazmente el territorio. (2009)

De igual manera que en el sur mexicano/norte guatemalteco, la idea de frontera responde a factores y actores externos, la percepción es de un imaginario externo influenciado por relaciones políticas, sociales y culturales, por lo que los habitantes de esa región deben lidiar con esa representación. La región de triple frontera en Sudamérica ha provocado preocupación en los gobiernos que la integran y hasta en niveles transnacionales, como el Mercosur y Estados Unidos puesto que, debido a la porosidad vivida en la frontera, la presencia de la comunidad árabe, y su alta actividad comercial, se le asocia con fenómenos como el terrorismo y contrabando.

Esta triple frontera se compone por estos tres países y son pocos los lugares en el mundo que cumplen las características de contar puntos de contacto entre tres regiones, grupos o sociedades. Por lo general para poder ser llamada triple frontera debe tratarse de un punto con presencia de asentamientos humanos y una intensa actividad de intercambio.

Al querer aplicar el concepto de la triple frontera, mi primer problema fue que, si hablamos de una posible triple frontera en la región que comprende esta investigación, de acuerdo a la geopolítica actual, ésta sería la región en la que los límites entre Belice, Guatemala y México se unen. El proyecto original de esta investigación contemplaba un recorrido por la literatura fronteriza generada en los tres países, ya que pensar que Belice está fuera de las dinámicas de la región sería negar la existencia de muchas voces, relaciones y narraciones generadas desde ahí. Sin embargo, dicha labor terminó siendo titánica, así que, debido a mis alcances y posibilidades, fue necesario delimitar el tema a la frontera México-Guatemala. Así que es importante resaltar la necesidad de realizar una investigación en la que se contemple la presencia de Belice dentro de la región y su relación con Centroamérica.

Entre México y Guatemala se presenta una frontera triple que, aunque se trata del límite entre dos estados-nación, tanto en sus relaciones históricas como en sus representaciones socioculturales, siempre ha estado presente la relación con Estados Unidos. Así se crea la triada con la que se conforma este espacio fronterizo único.

Si Marco Kunz menciona en su estudio sobre la Mara de Rafael Heredia (2008) que *La frontera del norte empieza ya en el sur de México, entre Guatemala y Chiapas*, está clara la presencia de la frontera entre México y Estados Unidos en el discurso, narrativa y representación de la frontera del sur mexicano y norte guatemalteco. Sin embargo, encuentro un problema al momento de enunciar esta relación como *la frontera del norte empieza ya en sur* puesto que de esta manera se niega en primera instancia la existencia de la frontera y de lo fronterizo entre México-Guatemala, y en segunda se intenta homogenizar ambos espacios, cuando se trata de contextos sociales e históricos muy diferentes.

La migración que se produce desde Centroamérica a través de México para llegar a Estados Unidos sirve como punto conector de las dos fronteras, o podría convertir a todo el territorio mexicano en una gran región fronteriza, de esta manera se completa la que yo identifico como triple frontera. Si bien no todo lo fronterizo es migratorio ni todo lo que caracteriza lo migratorio tiene relación con la frontera, sí es un aspecto muy presente en la narrativa generada en la región, normalmente los personajes son migrantes o en el relato se presentan situaciones migratorias.

Este triple nivel fronterizo se disloca, aunque no se trate de una frontera física, al momento de cruzar el límite geopolítico no siempre se traspasan las fronteras culturales, en cambio se crean relaciones en las que no queda muy claro dónde empieza o termina cada lado. Para algunos como Kunz, México es toda una frontera, otros tantos la consideran tan porosa que ambos lados son lo mismo.

Este dislocamiento puede ser encontrado en la narrativa liminal con las metáforas de frontera del deseo / frontera del miedo, termino aplicado por Rolando Romero en su artículo *Border of fear/Border of desire.*

2.4   Frontera del deseo/miedo

En la literatura fronteriza es posible encontrar el uso de metáforas para caracterizar la situación en la que se encuentra el límite o lo fronterizo, sin embargo Rolando Romero en su reconocido ensayo *Border of Fear/Border of desire* menciona que este acercamiento se debe realizar con cautela puesto que se corre el riesgo de que el investigador proyecte sus utopías o asunciones, ya que *Under the guise of a quest for knowledge, the researcher invests the Other with non-existent cultural signification* (Romero 1993). Si el objetivo es lograr adquirir una visión del espacio de una región fronteriza, resulta imprescindible incluir en el análisis los cruces que se hacen en ambas direcciones y acercar incluso otras fronteras geográficas.

De acuerdo con Rolando Romero en la frontera entre México y Estados Unidos se presenta la asociación entre el deseo y el miedo. Con esto cubre los dos *lados* de la cuestión fronteriza, pero al mismo tiempo nos recuerda la necesidad de especificar qué punto de vista se está tomando en cuenta para cada estudio:

> And yet the border is nothing but a rhetorical construction, a space of fear and desire in which contact with the other servers only to delineate the boundaries and possibilities of the self (Romero 1993).

El miedo se representa con tropos y estereotipos de lo "mexicano". Dentro de esa dicotomía, es en el lado mexicano donde está la inseguridad, lo asqueroso, lo ilegal. En cuanto que la figura del deseo se proyecta al lado estadounidense, donde apuntan los flujos migratorios, el sueño de prosperidad, seguridad y tranquilidad, además la manera de percibir la frontera se puede adherir a esa dualidad metafórica.

La frontera que propone Romero, en la que se delimita el ser y su identidad parece negar las relaciones asimétricas que existen en ese espacio, por ejemplo, del lado estadounidense ver la frontera como metáfora, como *borderlands* (Anzaldúa) es aceptada y reproducida. En cambio del lado mexicano ésta se ve como un límite que los define como los otros y los distancia de ese nos/otros fronterizo.

En la triple frontera que se presenta entre México y Guatemala, se puede resaltar también este discurso metafórico, aunque no de la misma manera. La dicotomía deseo/miedo se proyecta en sentidos diversos que, en el norte de México, la frontera del deseo sigue siendo dominada por el flujo migratorio que actualmente se dirige a Estados Unidos proveniente de los países centroamericanos. Sin embargo, este deseo se desdobla y se proyecta primero con dirección hacia un primer norte, el norte de Guatemala, particularmente se trata los casos de ciudades-frontera, al otro lado del río. Llegar al confín y pasar al otro lado es el primero espacio anhelado. Después, si se trata de un espacio de mero paso, destinado a ser atravesado, tiene el fin de dirigir el objetivo hasta la frontera lejana, a un segundo norte, es decir, se reconfigura ese deseo y la visión de la frontera se transforma.

La frontera del miedo se dimensiona de igual manera en dos niveles, el primero es la caracterización de la región local, la frontera que viven, la geográfica. Se representa a esta zona como todo lo peor que existe en los dos lados, con violencia, inseguridad, zona sin ley. Mas esta condición se intensifica dependiendo del lado que se habite. El capital cultural con el que cargan los actores de cada lado define las desigualdades que se viven dentro de ese espacio común. Ya se mencionó que la frontera es porosa pero la porosidad no es igual para todos. La carga política y el significado cultural que acompaña al ser "mexicano" se reflejan en las relaciones completamente asimétricas y muchas veces verticales que se viven en la frontera.

El segundo nivel en el que se representa la metáfora del miedo es cuando éste se proyecta a la frontera no política. Si los estudios mencionan la gran continuidad cultural que existe en la región sur de México y Guatemala además de contar con relaciones históricas en común, el concepto de frontera se construye fuera de la zona de cruce geopolítico, en la región norte del estado mexicano de Chiapas. En ese espacio interactúan los tres actores de la triple frontera: México limita la movilidad con retenes o revisiones, presionado por políticas antinmigración originadas en Estados Unidos, con esto se traslada la frontera y el límite.

3. Literatura de la frontera

3.1   México-Estados Unidos

Si se plantea la idea de realizar un trabajo acerca de la frontera en México, automáticamente se piensa en su frontera con Estados Unidos, de igual manera sucede con los estudios literarios de la frontera. El cuestionarse si existe o no una literatura en la región ya no está en discusión; la frontera norte de México tanto en el ámbito social como cultural ha sido más estudiada que otras. Aunque la mayoría de los estudios resaltan la presencia chicana en la región, es interesante revisar la situación de ambas partes de la frontera.

Si la frontera sur de Estados Unidos se ha convertido en el paradigma de *lo fronterizo* es debido a los cuestionamientos teóricos que se realizaron a finales de la década de los ochentas, partiendo del concepto *Borderlands* de Anzaldúa, completado con los estudios de Canclini en su libro *Culturas Híbridas* (1998) y Bhabha (1994) con su respectivo acercamiento al concepto del tercer espacio, entre otros. Del otro lado, Socorro Tabuenca hace referencia a Luna y Rosina Conde para señalar que el interés por la frontera norte y su cultura se intensificó a mediados de los 80 gracias al Programa Cultural de las Fronteras, instaurado en la legislación de Miguel de la Madrid en 1986, el cual buscaba homogenizar los estados fronterizos con el centro. En ambas partes de la frontera se refleja la postura que tomó Estados Unidos en la época siguiente a la guerra fría y más reciente, el tratado de libre comercio y los ataques terroristas en 2001; el discurso oficial se dirigió a los flujos migratorios, las nuevas políticas fronterizas intensificaron el control y el migrante –el otro- se convirtió en enemigo de seguridad nacional (Tabuenca 2003).

Específicamente dentro de la literatura fronteriza es posible identificar una dualidad de significaciones en cuanto a cómo se narra y se representa la frontera. Analizar el límite entre Estados Unidos y México desde su producción literaria varía según la perspectiva con la que se aproxime al tema. Del lado estadounidense, con la presencia de la cultura chicana, se tiene la idea de una frontera transnacional, de contacto, cruces y que al final produce, según Canclini, culturas híbridas que derivan de la relación entre dislocación y desterritorialización. Normalmente este concepto es usado para describir los ejemplos de ciudades espejo –Tijuana/San Diego, por ejemplo-, divididas por la frontera, en las que la situación de migración y globalización funcionan como catalizadoras del contacto. Es así como se identifican como *Postborder city* (Dear 2005) y en sus producciones culturales resalta una *postborder condition* definida como:

> a consciousness that is characteristic of places where elements of different worlds coexist and mutate. Such a condition is presently transforming lives in neighborhoods on both sides of the border, creating a blurred macrofrontier that extends way beyond the boundary line itself (Michael Dear 2005).

La literatura de *Border Crossing* no se refiere específicamente a la literatura chicana, ya que eso sería negar la existencia de otros grupos minoritarios dentro de la zona, que mediante flujos migratorios actuales o históricos han reconfigurado y conformado la frontera. Sin embargo, la historia común y la situación en la que se definió la frontera junto con el contexto político actual hacen que las producciones culturales del grupo chicano – en el sentido Mexicoamericano- sean más visibles que las demás. Igualmente se debe mencionar que en un estudio sobre esta frontera el uso de un término como lo es *Chicano* debe acompañar una discusión sobre éste. Pertenecer a este grupo no siempre ha significado ni significa lo mismo de ambos lados.

Como ya mencioné, la posición chicana de la frontera y su literatura, aunque siguen siendo voces de la minoría, en los últimos años han adquirido visibilidad tanto para los investigadores como poco a poco para el público en general. Hasta el punto de que existen programas académicos a nivel superior que se involucran con este tema, ya sea en Estados Unidos o México, con todo esto los estudios chicanos han experimentado un crecimiento exponencial en los últimos años.

Retomando la obra que colaboró para el boom de repensar la frontera, *Borderlands/La frontera* de Gloria Anzaldúa (2007) hace uso de la metáfora del *cruce* para presentarnos un nuevo sujeto dentro de la literatura y del accionar sociocultural, este contacto entre dos culturas habría provocado que el migrante adquiera importancia y sea parte de la frontera. Su narración problematiza el discurso monolítico estadounidense, se presenta el espacio fronterizo como una herida abierta en la que surge la *border culture* como forma de resistencia. Etnicidad, clase, género/sexo son aspectos principales en su narración, que se presenta en diversos géneros literarios e idiomas, combina poesía, prosa e inserta intertextos tales como canciones y otros productos culturales. La *new mestiza* marca un precedente en los estudios de género en la frontera, el rol de las chicanas en la literatura y las relaciones fronterizas entre México y Estados Unidos.

Estas relaciones, apunta Tabuenca, están narradas desde el primer mundo y parten únicamente del punto de vista estadounidense,

> Anzaldúa olvida otras múltiples otredades (…) No sólo es la oposición nos/otros, ya que ese nos se tendría que problematizar (…) El **nos** podría referirse a los fronterizos mexicanos que tambіén son los otros del blanco norteamericano; pero también son el otro de los chicanos o fronterizos norteamericanos (Tabuenca 2003).

Se silencian así otros discursos generados en diferentes partes de la frontera, si la literatura chicana es marcada como marginal tomando como centro el canon norteamericano, relacionado con la literatura de la frontera norte mexicana, se convierte en dominante. Tabuenca acepta la postura de Saldívar (1991) de *global Borderlands* como lugar liminal y de hibridez compuesto por espacio poscoloniales conectados históricamente para posicionarse como investigadora y crítica de la literatura fronteriza, y afirma la dificultad de conciliar la teoría con la práctica (Tabuenca 2005).

Su estudio resalta la visión que tienen los escritores del norte mexicano respecto a la frontera, en sus textos se representa este espacio con la metáfora del límite, un lugar que separa, diferencia. Caracteriza la literatura de ese lado como una lucha, *como una respuesta a la tensión existente entre el centro y el margen, entre las voces autorizadas y las subversivas* (2003) y se deja de lado el aporte literario. Si el Plan Cultural de Frontera buscaba institucionalizar la región, sus escritores rechazaban esa homogenización puesto que reconocerse como autores fronterizos es aceptar su posición marginal y homogenizarse con las representaciones generadas desde el centro sería silenciar las voces de la frontera (Tabuenca 2003).

Del lado mexicano no se intenta superar el límite, más bien se definen dentro de él y refuerzan las situaciones socioculturales a nivel local. Cabe señalar que no todo lo norteño es fronterizo ni todo lo que habla de la franja fronteriza se escribe desde ella.

Aunque la intención de este trabajo no es centrarse en la literatura de la frontera entre Estados Unidos y México, es importante retomar la discusión que se ha formado a raíz de ésta, ya que se aplican varios de los conceptos de frontera y alteridad que mencioné inicialmente, los cuales han formado el paradigma de *lo fronterizo*. Partir de esta base nos permite buscar otras literaturas de frontera en otros espacios de hibridez cultural, en nuestro caso, mirar en la otra frontera que tiene México. La frontera con Guatemala conlleva fenómenos estrechamente ligados al confín México-EUA, sin embargo, se debe repensar esta relación, no se pueden aplicar los conceptos de la misma manera ni generalizar sus productos culturales con las mismas características. Aunque actualmente la temática de su literatura estreche las relaciones entre las dos fronteras, cada una debe ser abordada de manera independiente.

3.2   Frontera México-Guatamala

La relación literaria entre México y Guatemala tiene un primer nivel de acercamiento geopolítico, normalmente en el ámbito editorial y cultural no se encuentran tantos lazos entre Norte y Centroamérica. Los autores centroamericanos, y por ende guatemaltecos, difícilmente llegan a ser parte de la mesa de novedades en las librerías, además sus editoriales se presentan con mucha dificultad en las principales ferias de libro. Si tomamos como ejemplo la Feria del Libro de Guadalajara no fue hasta 2011 que se logró armar un stand conjunto para la literatura centroamericana dentro del pabellón internacional de la feria. Se contó con la presencia editorial de todos los países -no se tomó en cuenta a Belice-; de parte de Guatemala participaron las editoriales Piedra Santa y F&G.

Al respecto, señala el escritor nicaragüense Sergio Ramírez que se trató de una acción *con finalidad altruista* ya que por sí solas las editoriales no tendrían la posibilidad económica de asistir al evento. Todos los gastos de logística fueron subsidiados por el Fondo de Cultura Económica, la Comisión Nacional para la Cultura y las Artes y el comité organizador de la FIL (FIL Guadalajara 2011).

Mientras que la presencia editorial mexicana dentro del ámbito cultural centroamericano es últimamente más constante, por ejemplo y siguiendo la referencia de las ferias del libro, México ha sido el país invitado en eventos de esta índole en Costa Rica 2013, Panamá 2014, e importante para este trabajo, en la Feria del Libro de Guatemala 2015. Sin embargo, este supuesto intercambio literario se ve afectado por los alcances de mercado que pueda tener cada región o país y esta supuesta relación tampoco plantea una estrecha relación entre sus literaturas.

Si nos centramos ahora en la región fronteriza, son dignos de resaltar la organización de ferias del libro locales que al realizarse en ciudades con un alto contacto transfronterizo cuentan con la presencia de autores y editoriales –oficiales e independientes- de ambos lados de la frontera.

3.2.1   (In)visibilidad de las voces de la frontera

Al momento de querer hacer un repaso de la creación literaria de la frontera es notable la falta de estudios sobre el tema. Existen algunos ejemplos que intentan rastrear el pasado, el presente y el futuro de la producción literaria en la región. Sin embargo, continúa siendo una región en la que normalmente no se piensa al momento de hablar sobre los nuevos escritores o la nueva literatura.

Uno de los estudios que fundamentan este trabajo es *El Norte y el Sur de México en la diversidad de su literatura* coordinado por Norma Angélica Cuevas y Raquel Velasco (2011). Los ensayos que se encuentran en la publicación intentan señalar la literatura de los límites –desde el punto de vista mexicano- como un viaje a través de la historia de violencia y narco en el norte para seguir con la manera en que la identidad y la migración se reflejan en las narraciones de la frontera sur.

Si el concepto de frontera con el que trabajo en esta investigación se trata de una relación horizontal y liminal, es relevante para cualquier proyecto relacionado con la zona el analizar los dos lados fronterizos junto con sus relaciones en ambos sentidos; y distanciar, como ya se ha planteado, esta frontera de la región ubicada entre Estados Unidos y México mas no separarlas completamente. Las herramientas teóricas que se desarrollaron teniendo en mente el norte mexicano pueden trasladarse a la otra frontera para problematizar la discusión, pues como ya dije, todas las fronteras son distintas, así como todas sus literaturas.

En un estudio acerca de la literatura entre México y Guatemala se parte de la invisibilidad desde la que escriben. Si antes se mencionó que la frontera puede ser porosa o no, dependiendo de la persona y del capital cultural que logre reunir, con la literatura se presenta un fenómeno similar. De ambos lados fronterizos se distinguen las relaciones asimétricas que se han desarrollado en los dos países. El sur mexicano no ha sido considerado ni como escenario, mientras que el norte guatemalteco se ve silenciado tanto por el lado mexicano como por la generalización que se hace al caracterizar su temática dentro de lo violento o migratorio.

Dentro del territorio mexicano existe un centralismo cultural, los escritores de provincia se han encargado durante los últimos años de criticar y responder a esa tendencia. Por ejemplo, el escritor regiomontano, David Toscana señala:

> Si vives en el Distrito Federal y escribes en suplementos y conoces editores es mucho más fácil que te publiquen, aunque la obra no sea tan buena. A los escritores de fuera de la capital les exigen muchísimo más, les ponen la vara muy alta para poderles publicar (Toscana 2012).

La producción literaria de las diferentes regiones en México se inserta en un sistema político y una tradición histórica que tiende a dirigir todo lo importante a la capital del país o a las regiones urbanas más importantes – Monterrey o Guadalajara-. Esto afecta a la creación literaria ya que existen grandes dificultades para la publicación de autores de otras regiones. Sin embargo, existen proyectos que intentan cambiar esta situación, editoriales independientes y cartoneras se convierten en el escaparate ideal para esta literatura. Aunque siguen siendo marginales, cambian el flujo de la producción cultural que antes era de centro a las afueras, donde sólo se consumía. Ahora se produce tanto en impreso como en digital, puesto que existen varios blogs y portales de participación virtual entre escritores, con lo que esta agencia de los escritores fronterizos se vuelve una forma de resistencia, una forma de hacer visible las voces de esta frontera

3.2.2   Literatura indígena

La región cuenta con un gran número de población indígena, como resultado de la presencia de las culturas mesoamericanas. La llamada cultura maya no es en sí homogénea, sino que incluye un gran número de etnias con variantes lingüísticas y culturales. Sin embargo, las características que tienen en común nos permiten integrarlos en una unidad cultural. Ix'iloom Laura Martin resalta la gran tradición literaria con la que cuenta la cultura maya. Ya desde antes de la colonia se contaba con la escritura y se logró la continuidad de ese estilo durante el inicio de la conquista con el uso del alfabeto latino. Sin embargo, el colonialismo logró silenciar esas expresiones. Al terminar la época colonial y con las independencias no se les otorgó el valor a las letras indígenas puesto que al generarse los estados-nación y sus identidades, éstas se construyeron basando su fuerza en los mestizos (2005)

A pesar de este colonialismo interno, desde mediados del siglo XX y en los inicios del XXI, vuelve a estar presente y se identifica el continuo florecimiento de la literatura oral en por lo menos 30 idiomas mayas, como un claro intento por conservar la tradición literaria maya (Martin 2005). Por ejemplo, en Guatemala al terminar el conflicto armado, inicia el así llamado "movimiento maya" que se interesó en recuperar la educación y alfabetización en su propio idioma, actualmente hay muchos poetas, ensayistas y novelistas que escriben en lengua indígena o en español pero que se identifican como indígenas.

En toda la región fronteriza es innegable la influencia de la cultura y literatura indígena. Debido al inmenso trabajo que supondría incluir esta categoría en el análisis, aunado a la barrera lingüística que supone, decidí no abordar ningún texto de esta índole. Entonces, no siendo el objeto de este texto una discusión de literatura indígena en la región, me parece necesario llamar la atención hacia la importancia de un planteamiento claro del contexto literario que existe en la zona, del cual no se puede dejar fuera las voces indígenas. Muchas comunidades se encuentran en lugares del confín que son aún más porosos y permeables que los pasos urbanos con ciudades-frontera; dada su situación de mayor aislamiento o invisibilidad dentro de lo periférico –la frontera México/Guatemala- se requiere un estudio etnográfico que incluya trabajo de campo y un acercamiento antropológico.

En su tesis de grado Augusto Gutiérrez analiza la relación entre poetas mexicanos y guatemaltecos con su trabajo titulado *Ruptura y continuidad en la poesía indígena contemporánea escrita en castellano de México y Guatemala* (Gutiérrez 2013), donde demuestra que la literatura indígena en la región constituye un punto de encuentro entre la tradición oral indígena y las técnicas narrativas modernas de la literatura escrita. Con esta investigación quiere resaltar el carácter complejo y conflictivo que se presenta en los textos creados por autores indígenas, que hablan desde el margen y defienden la voz de sus comunidades, denuncian los problemas que viven y representan una respuesta a la exclusión que sufren de los círculos literarios. Por lo que queda abierto el tema

54

para investigaciones por venir que tengan la capacidad técnica y teórica de abordar el asunto de la literatura indígena en la frontera.

3.2.3 Sobre la selección del corpus

Los textos que decidí analizar fueron resultado de darle seguimiento a los autores de la región, las editoriales e investigadores sobre el tema. Alexandra Ortiz Wallner, investigadora especializada en la literatura centroamericana, al ser cuestionada sobre la literatura fronteriza entre estos dos países comentó que se pueden encontrar más ejemplos de textos del lado mexicano, ya que hasta donde ella ha investigado no se ha escrito aún una novela ni un cuento desde la perspectiva guatemalteca o centroamericana sobre el espacio de la frontera con México.

> Lo que hay son textos de investigación, como el libro de Oscar Martínez (de El Salvador) sobre la bestia o el proyecto de varios periodistas titulado Bajo el Tacaná. También hay muchos documentales, como Asalto al sueño de Uli Stelzner. (Ortiz, 2015)

En el ya mencionado libro de *Norte y sur de México en su Literatura* hacen un repaso de los textos producidos por mexicanos que abordan el tema de la frontera y apuntan que es hasta finales del siglo XX que se retomó ese espacio geográfico-cultural en la narrativa chiapaneca, puesto que del primer texto al segundo existe más de veinte años de diferencia.

Es así como decidí centrar mi análisis en los cuentos de Nadia Villafuerte, al ser narradora chiapaneca, con participación editorial. Sus relatos han tenido gran aceptación por la manera que describe la situación que se vive en la frontera, además la mayoría de sus personajes principales son mujeres, un grupo altamente violentado e ignorado tanto dentro de la literatura nacional y regional como en el ámbito social de la frontera.

Junto con los textos de Nadia Villafuerte, también aparecen en mi análisis dos novelas de autores mexicanos, la primera se trata de *La Mara* (2004) del tabasqueño Rafael Heredia. Ha sido hasta el momento el texto más estudiado sobre el tema frontera y migración en el confín sur mexicano ya que presenta de manera cruda y oscura la situación de violencia, corrupción e inseguridad que se vive en la *línea,* además fue adaptado al cine en 2014. La segunda es la novela escrita por Antonio Ortuño titulada *La fila india* (2013), el autor juega con el género de detectives, presenta diferentes voces narradoras para contar los sucesos alrededor de un crimen que involucra migrantes y a pesar de ser identificado como escritor del centro –nació en Guadalajara- tanto el tema, enfoque y focalización con el que aborda el relato son aspectos interesantes hacia la búsqueda de ejemplos representativos de la literatura de frontera.

La selección de corpus literarios producidos del lado guatemalteco constituyó una gran dificultad, como lo dijo Alexandra Ortiz. El tema sí ha sido tratado, pero mediante otros productos culturales, en la narrativa no se presentan ejemplos muy claros de esta relación, por esta razón lo que decidí fue primero hacer un repaso por la literatura guatemalteca contemporánea. Como parte de la investigación entré en contacto con varias personas involucradas en la promoción cultural y producción editorial, con lo que pude rastrear autores jóvenes que producen desde las regiones fronterizas. Surgió un grupo de escritores guatemaltecos que hacen uso de la literatura no solo como forma de expresión sino como respuesta a la situación que vive actualmente el país y con un importante sentimiento regional. A su vez, la falta de ejemplos en narrativa resaltó la existencia de otras expresiones literarias tales como la poesía. Julio Serrano, poeta guatemalteco, tiene un poemario titulado Central América en el que propone un viaje desde Centroamérica hasta Estados Unidos atravesando todas las fronteras, políticas y culturales que sean necesarias.

4 Perspectiva mexicana

4.1   Las fronteras del cuerpo en la narrativa de Nadia Villafuerte

Nadia Villafuerte es una escritora nacida a finales de los 70s en Tuxtla Guerrero, capital del estado de Chiapas, México. Se ha dedicado a escribir relatos cortos y ensayos, sin embargo, recientemente publicó su primera novela titulada *Por el lado salvaje* (2011). Sus libros de cuentos *Barcos en Houston* (2005) y *¿Te gusta el látex, cielo?* (2008) se componen en total por veintiún cuentos, algunos aparecen en ambas publicaciones y constituyen un gran ejercicio literario para hablar de la frontera, conecta la frontera del norte mexicano con su otra frontera, esa que vivió más de cerca en Chiapas.

Los relatos abordan la temática de lo liminal y la autora se arriesga a usar en sus narraciones la voz de personajes femeninos, así relata la problemática que estas viven en la frontera entre México y Guatemala. En las historias es posible identificar varias situaciones en las que la frontera juega un papel importante, ya sea como límite geográfico, contacto entre grupos o como concepto aplicado al cuerpo.

Los personajes principales son en su mayoría migrantes, la frontera al parecer sólo existe por el flujo migratorio y en particular debido a la realidad de pobreza, violencia y discriminación que experimentan.

> Una orilla es reflejo de la otra, piensa. La frontera de Guatemala es la prolongación de ésta; igual de triste, de abandonada, como si no existiera o como si sólo cobrara

importancia por sus muertos, por quienes buscan cruzarlas (Villafuerte, Yesira 2005).

Entonces, pareciera que en estas orillas no se puede aplicar el concepto fronterizo de Lattimore (1968) donde afirma que para la conformación de una frontera es necesario que dos sociedades diferentes, con ecologías culturales distintas, entren en contacto. Para Andrés Fábregas, antropólogo mexicano, al derrumbarse el sistema colonial en el siglo XIX, se consolidaron los conceptos de estados-nación en los que toma relevancia la frontera-límite como parte de un discurso de identidad nacional. Entonces, por la manera en que se trata la frontera y la alteridad en los textos de Villafuerte, el mayor contraste no sería la confrontación entre grupos culturales –como en otras fronteras- sino entre comunidades políticas cuyos límites se contienen en las territorialidades de los estados nacionales (Fábregas *El concepto de frontera* 2008). Según Andrés Fábregas, ésta sería la principal diferencia entre la frontera mexicana del norte y la que nos atañe.

Esta característica puede ser encontrada en los cuentos de Villafuerte, por ejemplo, el texto titulado *Yésira*. Éste trata de Álvaro y su aventura transfronteriza para conseguir hacer justicia por mano propia puesto que su hermana de 14 años fue asesinada por un oficial migratorio. Al momento de referirse al otro se presenta el conflicto de no ser tan diferentes.

> Nos parecemos mucho, es verdad. Tenemos casi las mismas facciones, el mismo brillo grasoso en la cara. Alguna mueca. Pero si algo los distingue es el pánico con el que ven, hablan, caminan (Villafuerte, *Yésira*).

La misma imagen continúa, aunque la similitud sólo se represente en cuanto al físico, la referencia para acusar al otro se reduce a la nacionalidad, de ahí la importancia de siempre señalar si alguien es mexicano, guatemalteco, salvadoreño, hondureño, etc.

> Va para donde vamos todos. Al menos eso me cantó. Es guatemalteco y nunca me dijo nada de ninguna Yesi ni de ningún oficial. Sólo que iba al burdel. Pero ¿cómo iba a saber que a eso? Un lunar en la barbilla. Como de mi estatura. Hasta podría ser yo. Ya ve que lo único que nos hace diferentes es la nacionalidad. (Villafuerte, Yésira 2005)

Siendo así, apunta Fábregas que frente a las naciones que conforman la frontera, las sociedades se asumen como comunidades políticas con el fin de preservarse como tal ante los otros, con el que sin embargo mantiene similitudes culturales y convergencias históricas (2008). Con esa idea en mente, la frontera entre México y Estados Unidos sería entendida entre comunidades culturales mientras que la del sur mexicano/ norte guatemalteco, entre comunidades políticas, las dos fronteras independientes más estrechamente unidas por el deseo y el miedo.

Se describe a la frontera como un lugar de miedo, se localiza todo lo que está mal en la sociedad, los relatos se sitúan en lugares caracterizados como deprimentes, sin salida y como el sitio que predefine el destino de los personajes. Glenda, personaje transgénero que es él/la protagonista de *¿Te gusta el látex, cielo?* parece estar condenada por haber nacido ahí: *Glenda ya tenía el alma podrida. Quizá fue el mismo barrio –geografía es destino–*

lo que había decidido su trayecto (Villafuerte *¿Te gusta?* 136). La frontera del miedo es el contexto en el que suceden los hechos, narrados con un realismo crudo y potente, se tratan temas de prostitución, identidades sexuales, inseguridad, pobreza y drogadicción.

Si dijimos que la literatura de la región se presenta como en una triple frontera junto con Estados Unidos, aquí el norte, que desde la perspectiva guatemalteca es dos veces norte, primero el sur mexicano y luego el norte con EUA, funciona como la frontera del deseo y, por ende, es en el sur donde se presenta el miedo, el terror: *Es inevitable. Parece que el sur, esa palabra minúscula, monosílaba, es la frontera equivocada, el error, el horror histórico* (Villafuerte, *Frontera de Sal* 2008). El protagonista de *Melancólico* es un marero que fue deportado de Estados Unidos y ahora se encuentra en la región de Tecun Uman, su querida Guatemala. Sin embargo, en la historia se intercalan los recuerdos y anhelos que dejó allá en el norte, lugar al que ya no regresará: *Ya no irá al norte, pero aún piensa en aquel paraíso del que se le expulsó* (Villafuerte, Melancólico 2005). El personaje se encuentra atrapado entre la imposibilidad de regresar al paraíso de ensueño y la realidad de vivir su infierno dentro de la frontera.

En la narración aparece la idea del sur −según la perspectiva mexicana- como el lugar propicio para el sufrimiento. Por ejemplo, el narrador en segunda persona del cuento *Frontera de sal* inicia el relato con:

> en el sur habita el fuego, te dijeron pero no creíste que el calor fuera ser tan intolerable. (…) una brasa caliente que deforma el contorno de las cosas. En el sur están los

pueblos proclives a la pobreza, a la ignorancia
(Villafuerte *Frontera de sal* 2008).

Los personajes a pesar de la dificultad de movilidad en la que se encuentran en este sur, son voces en constante movimiento, cruzan de lado a lado, viven en el medio y para ellos la frontera como línea no es más que imaginaria. El concepto de frontera se transforma en el cuerpo del migrante, en el caso particular de los personajes de Villafuerte, el cuerpo femenino es tanto límite como pasaporte para atravesar confines:

> Tienes la sangre caliente, el cuerpo caliente, la boca caliente deseando sosegarla en la dermis de la mujer que está lejos de tu frontera. Uno no ama las clavículas, los músculos del otro sino la piel que es el límite al que se desea transgredir. La piel, una frontera. (Villafuerte, *frontera de sal,* 2008)

Al no existir una disputa con el otro dentro de la territorialidad cultural, esa lucha se traslada a la conquista del cuerpo y del género. Si la frontera es entonces vista como territorio de transgresión y violencia, las mujeres en los cuentos de Nadia Villafuerte conciben su cuerpo como parte de esa oscura metáfora de frontera. Los personajes adquieren la significación de lugares liminales, donde las experiencias, desigualdades, raza, género y memoria generan zonas de cruce entre esos personajes que viven en la mitad:

> Le digo a Amanda que es curado estar en medio, medio viviendo, medio muriendo, medio intentándolo siempre. Estar a la mitad. La mitad de Amanda es su ombligo terriblemente oscuro. (Villafuerte, Border 2005)

Esta frontera-cuerpo nace también de la idea del cuerpo-mercancía. Las mujeres que viven en *medio* se ven inmersas en una realidad de género marcadamente asimétrica, donde la prostitución, las drogas y la violencia son naturalizadas y asimiladas como su refugio mientras que al mismo tiempo provocan el hastío y desesperación de su realidad fronteriza.

Esta realidad, aunque se representa de manera continua, en varios relatos la autora hace uso de la elipsis como herramienta narrativa. De este modo rompe el tiempo del relato y presenta la historia en instantes. De igual manera, aunque se mencionan lugares específicos a veces con referente geográfico, no se tiene una clara noción de la temporalidad de la diégesis, no se hace mención de elementos o acontecimientos históricos ni años. Desde fuera y analizando la situación actual de la frontera entre México y Guatemala, los últimos flujos migratorios –no siempre fueron de sur a norte- se dieron debido a los conflictos armados en los diferentes países centroamericanos. Sin embargo, a pesar de inscribir su narrativa dentro de ese flujo tan reconocible, no se hace referencia a esos precedentes histórico-sociales con el que se incrementa el contacto y cruce de los migrantes o en este caso, de los que viven en el medio: *¿Cuánto tiempo va a permanecer en medio?* (Villafuerte, Cascarita, 2005). Pareciera que se vive en una frontera donde el tiempo no pasa, donde el cuerpo y la frontera sirven como territorio de la memoria, los recuerdos, aunque se traten de momentos fragmentados, se mantienen vivos y son el resultado de la aproximación como grupo a una experiencia que da como resultado vivencias individuales unidas a la memoria colectiva de la sociedad en la que se encuentran (Halbwachs 1935).

4.2   Realismo en la literatura fronteriza

Mario Vargas Llosa menciona en su libro *La verdad de las mentiras* (2002) la importancia de la ficción dentro de la literatura, o como él dice, del mentir. Esas mentiras, si bien no alejan al texto de la realidad, sí le permiten contar otro tipo de verdades, representar otras vidas, proyectar nuevas experiencias y perspectivas que la narrativa histórica o periodística no presenta. Igual que explica Vargas Llosa, entrar en la discusión de lo verdadero o lo falso en la literatura debería tomarse con mucho cuidado. Sin embargo, quiero partir del argumento en el que diferencia los géneros literarios de los periodísticos:

> ¿Qué diferencia hay, entonces, entre una ficción y un reportaje periodístico o un libro de historia? ¿No están compuestos ellos de palabras? ¿No encarcelan acaso en el tiempo artificial del relato ese torrente sin riberas, el tiempo real? La respuesta es: se trata de sistemas opuestos de aproximación a lo real. En tanto que la novela se rebela y transgrede la vida, aquellos géneros no pueden dejar de ser sus siervos. La noción de verdad o mentira funciona de manera distinta en cada caso. Para el periodismo o la historia la verdad depende del cotejo entre lo escrito y la realidad que lo inspira. A más cercanía, más verdad, y, a más distancia, más mentira. (Vargas Llosa 2002)

En la literatura de la frontera es interesante esta distancia entre la mentira –la ficción- y la realidad, ya que esa barrera entre lo que es verdad o no, se percibe muy sutil.

Los autores se aproximan a la realidad que acontece en el contexto sociocultural del espacio fronterizo con un estilo crudo, intenso y cercano. En su tesis doctoral, Gabriela Aubry analiza varias novelas de escritores latinoamericanos, la mayoría mexicanos, y las clasifica como novelas suprarrealistas en las que se abordan:

> los temas más inmediatos y de relevancia en el entorno sociocultural: la violencia, los trasuntos en la vida del sicario, la inmigración, los feminicidios, el narcotráfico, pero no los reduce (ni privilegia) a las clases populares, sino muestra a la sociedad en su conjunto. (2013)

Aubry explica que esta cercanía con lo real y lo inmediato es una característica de la literatura latinoamericana aun antes de los autores del *Boom*. Puesto que este elemento de la narrativa del continente tendría su origen desde el género colonial de la crónica, se puede decir que existe una tradición literaria dentro de los autores de actuar como testimonio o utilizar la escritura como espacio de representación de una realidad.

No estoy totalmente de acuerdo con el término que desarrolla en su estudio, lo suprarreal, puesto que primero desvía el análisis a un aspecto temático y de análisis del discurso literario, pareciera que se exagera o que se supera la realidad con los temas tratados en la literatura, la inmediatez de los problemas como migración, narcotráfico, prostitución, violencia no tienen por qué definir en su totalidad al texto. Sin embargo, resulta interesante el acercamiento que realiza de la literatura fronteriza con el análisis de *La Mara* (Rafael Heredia) y *2666* (Roberto Bolaño). Recorre la novelización de las fronteras y analiza ambas fronteras mexicanas. En esta literatura los diferentes niveles con los que se aborda la realidad, las diversas herramientas discursivas y estéticas que utilizan los autores colaboran para mantener la sensación de estar leyendo algo veraz.

La novela de Rafael Heredia, que ya mencioné en otras partes de la investigación, se estructura a través de un encabalgamiento de personajes principales y de estrategias de lenguaje con las que retrata la vida de las personas que habitan ambos lados de la frontera entre Ciudad Hidalgo y Tecún Uman.

En *La Mara* el manejo del lenguaje genera sentido y significación dentro de los personajes. Al existir tantas voces dentro de la narración, es imprescindible distinguir cada una de ellas y dotarlas de coherencia. Cada uno de los personajes o voces que se entrelazan durante la novela hablan de forma particular, son presentados por el narrador heterodiegético con focalización cero; este narrador, aunque se encuentre como testigo de la diégesis, se mimetiza con los personajes al adoptar el mismo registro de lenguaje que cada una de las voces. Heredia no reproduce el lenguaje coloquial de la región, sino que lo interpreta, construye una forma de comunicarse en la frontera que al mismo tiempo es creíble y literaria. Aprovecha rasgos de la oralidad —en el sentido concepcional, de la forma como se verbalizan los enunciados- (Oesterreicher 1996). En palabras de Yvette Bürki, Heredia no se propone imitar la forma oral sino

acercarse a un género literario determinado,

> caracterizado precisamente por su condición oral: el del cuentero, genuino heredero del rapsoda o juglar, en otras palabras, el de la llamada literatura oral. (2006)

La acción del relato se va completando según las historias que el narrador reproduce de los diferentes puntos de vista, sin modificar la temporalidad narrativa puesto que todo se narra en presente. El lector encuentra en *La Mara* un texto multivocal o polifónico (Bajtín 1982), se presentan varios caracteres que manifiestan diferentes maneras de expresarse o de hablar, entonces, la frontera sería el punto en el que se reúnen todas esas voces. Si en el inciso anterior se resaltaba que la disputa con el otro era por su nacionalidad, en este relato la alteridad se resalta por medio del lenguaje. Los migrantes que se encuentran del lado mexicano son marcados por su entonación y acento, hay diferencia lingüística entre la manera en que hablan los centroamericanos: catrachos 'hondureños', guanacos 'salvadoreños', cachucos 'guatemaltecos' y panameños. En un fragmento esa distinción mediante la lengua se aplica a los "gringos"-estadounidense- que fueron atendidos por Sabina y que para ella sólo *por el inglés y las ropas eran diferentes, pero no por el color de piel* (Heredia, 2004).

Las variantes geográficas del español –sin contar lenguas indígenas, ya que no aparecen en el texto- son parte importante de la frontera que describe Heredia, se distingue al otro por medio de cómo habla. El centroamericano que tiene la intención de cruzar la frontera –todo México- debe adoptar la forma de hablar "mexicana". Los agentes migratorios que aparecen en el texto pareciera que tienen el súper poder de identificar indocumentados tan solo con el aliento, siendo esta una hipérbole de su capacidad para detectar los diferentes acentos y entonaciones presentes en la región.

De nuevo, presenciamos que aunque la zona fronteriza se presente como extremadamente porosa, las relaciones entre ambos lados no son simétricas ni horizontales, en el caso de Rafael Heredia la necesidad es parecerse al mexicano para poder seguir avanzando hacia el norte, aunque ese norte, al parecer sea todo México: *del otro lado del Suchiate todo es el norte[...]* (Heredia 2004). En el texto se conectan las dos fronteras, se describe la frontera entre México y Guatemala como una antesala de la del otro norte. A *Tecun Uman le dicen Tijuanita, que es el sur de este norte* (Heredia 2004), donde se encuentra la espera real antes de cruzar al otro lado, al brillante, al de los dólares –de nuevo, frontera del deseo- sin embargo los migrantes dentro de la novela no logran pasar de esa antesala, son limitados por diversas determinaciones sociales para quedarse en el medio, en el sur.

Retomo la idea de la supranovela –suprarrealismo– mencionada en las páginas anteriores. Si se piensa en las novelas de la frontera como un acercamiento "hiper" o "supra" de la realidad, este planteamiento no se debe basar en una lectura del fondo o del contenido, normalmente se identifica con estos conceptos a toda narración que utilice la violencia explícita, las extensas descripciones acerca de aspectos violentos, escatológicos o de problemas sociales que atañen nuestra *realidad*. Siendo la frontera el espacio sin lugar donde se localiza lo negativo de una sociedad, centrar el discurso de lo real en la inmediatez temática dejaría fuera otros elementos importantes, por ejemplo, los apuntes anteriores acerca de la polifonía y la voz narrativa utilizada.

El narrador adquiere un rol importante para lograr ese sentimiento de estar leyendo un texto basado en la realidad y que resulte muy cercano para el lector. En los casos de literatura fronteriza que analizo hacen uso de la voz narrativa para intensificar la relación del texto con el supuesto lector. Rafael Heredia, aunque no utiliza un yo narrador en primera persona, logra con sus juegos de voces narrativas –polifonía- crear a un narrador poco confiable que relata en tercera persona pero que interactúa directamente con los demás personajes, a pesar de saber lo que piensan y transmitir los diálogos tanto internos como externos. Esa proximidad que adquiere hacia los personajes además del relato da la sensación en momentos de estar ante un narrador-lector-personaje. De hecho, en un momento del texto el narrador cuestiona la acción en sí de narrar y la manera en que se describe la acción dentro de la diégesis:

> ¿Por qué usa el pasado cuando piensa en la catracha? ¿Por qué es en pasado todo y en presente está el Carrizal, aun cuando también sea pasado? (Heredia 2004).

De igual manera, los textos de Nadia Villafuerte si bien se tratan de ficciones, se apegan a un discurso lingüístico y a temas de inmediatez nacional e internacional, narra con crudeza los problemas que enfrentan los migrantes al intentar llegar a Estados Unidos. Ella hace uso del formato cuento para introducir al lector dentro de la acción, describe instantes, entrecorta el relato y realiza saltos temporales. La mayoría de sus narradores son en primera persona, un yo que narra con focalización interna. Se conocen los pensamientos, pero el personaje focalizado no cambia:

> Prometo creer en dios...si nadie me presiona, nena, le digo a Treicy, porque me jode verla rezar cada que entro y la veo directito a los ojos, como mira la banda. (Villafuerte, Border 2008).

Así el supuesto lector, al leer en primera persona un relato poco confiable –en cuanto a hechos- se ve obligado a completar la interpretación con instantes de su realidad, de su contexto histórico-social. El *nos/otros* del relato es un yo del lector que se posiciona dentro de la realidad del cuento, con lo que se incrementa ese poder –del que habla Vargas Llosa- de contar verdades a través de las mentiras, al tener la ficción y al mismo tiempo la realidad de manera tan cercana y focalizada, el narrador-lector resignifica el vivir en el medio, el vivir la frontera.

4.3   Voces del centro mirando a la periferia

En la búsqueda de literatura que trate acerca de la frontera, merece una mención especial la novela *La fila india* del escritor tapatío –de Guadalajara, México- Antonio Ortuño. Es periodista reconocido en la prensa local y, como mencioné antes, en su más reciente novela (Ortuño 2014) decidió localizar su narración en la frontera entre México y Guatemala. El relato se centra en una matanza ocurrida en el refugio para migrantes de la Comisión Nacional de Migración (CONAMI), la gran parte de las acciones suceden en Santa Rita, una ciudad fronteriza y ficticia del sureste mexicano. Se describen las reacciones de los trabajadores del instituto de migración, las relaciones entre migrantes, actores externos, crimen organizado y corrupción. El relato se dispara con la llegada de Irma -la negra- y su hija, que con su experiencia planea ayudar a los trabajadores de la CONAMI a controlar esta situación de violencia. Al estar ahí se ve envuelta en las relaciones locales de poder y en la situación perfecta para descubrir poco a poco el verdadero infierno al que se enfrentan los migrantes al intentar llegar a la frontera del deseo.

Ortuño logra extender la frontera fuera de la periferia, la lleva al centro y concibe las relaciones asimétricas que se viven durante todo el territorio mexicano al momento de intentar pasar. No se encuentran dualidades entre buenos y malos, más bien los límites éticos se encuentran difuminados, igual que la frontera. A pesar de cuestionarse aspectos de la alteridad vivida en la región, los migrantes continúan siendo víctimas de la otredad y su justificada violencia. Santa Rita como lugar de frontera está ligado indiscutiblemente al norte de México por centrarse en los migrantes que quieren pasar al *otro* lado, pero el autor logra desmarcarlo de ese discurso en el que el *sur* no existe por sí mismo. Además, consigue darle continuidad a la frontera y al enfrentamiento con el *otro,* al incluir un segundo lugar de la narración. El esposo de la negra se encuentra en una ciudad lejana al límite, con mayor concentración de población clase media, universidades y que es parte de la ruta que toman los migrantes centroamericanos.

Este segundo narrador muestra el enfrentamiento entre el otro centroamericano y el mexicano, describe la discriminación que se vive dentro y fuera de la región fronteriza, pero al mismo tiempo el conflicto que implica el verse reflejado en ese otro. Para el esposo, *el bienaventurado,* los migrantes de Centroamérica son lo más bajo que uno se puede encontrar en el territorio nacional, aunque al mismo tiempo sean lo más parecido, se encuentra una y otra vez en ellos, los migrantes son *nos/otros.* Ortuño comentó en una entrevista acerca de esta relación entre el mexicano y el centroamericano, que los dos migran, pero los primeros son incapaces de identificarse con la situación del otro:

> Creo que la sociedad mexicana, como muchas, es bastante incapaz de lidiar con la migración, pese a que sea una sociedad, insisto como muchas, para la que la migración es un elemento fundamental. Partiendo por supuesto del hecho que hemos expulsado a unos cuantos millones de personas a los Estados Unidos al que se le adosa un discurso de victimismo, que contrasta con la paradoja terrible y grotesca por la que somos incapaces de entender la migración centroamericana a partir de nuestro propio ejemplo. (Ortuño 2014)

En cuanto a la temporalidad del relato, ésta se presenta de manera lineal, pero fragmentada, el narrador entrega información poco a poco y hace uso de diferentes formas de intertextualidad para crear la polifonía dentro de la historia. La voz principal es la de Irma, narrada en primera persona con focalización interna, por lo que el lector se ve limitado a lo que piensa y sabe el narrador-personaje. Existe una segunda voz narrativa –el esposo xenófobo de

Irma- que de igual manera al nivel de personaje completa la visión de lo narrado, esta vez con una perspectiva desde el centro del país. La polifonía es completada con una serie de textos de géneros periodísticos que son reportes de la CONAMI o reportajes del periodista Joel Luna que se mencionan a manera metatextual por otros personajes y algunos fragmentos cuentan con un narrador en tercera persona que relata ciertos acontecimientos.

Así, vemos de nueva cuenta este uso de las descripciones crudas, sin temor a relatar pasajes violentos o extremos durante la travesía de estos migrantes. El infierno que se menciona es México y los mexicanos, pero continúa al momento de cruzar la otra frontera para Estados Unidos:

> Séptimo círculo[4]: incluso si consigues escapar de todos los depredadores y no mueres de hambre o sed, incluso si nadie te viola o golpea o amenaza o secuestra, tortura, tirotea y arroja a una zanja, aún debes planear la manera en la que entrarás a Estados Unidos, porque los mismos mexicanos que han sembrado de espantos tu camino controlan todas las rutas de acceso.
>
> Una vez allá, felicidades. Respira hondo: el horror ya corre por cuenta de los gringos. (Ortuño 2013)

Se sabe que lo narrado es ficción, esto puede ser interpretado por el lector como muchas verdades de la realidad mexicana. Aunque sí cuestiona la función del otro en las relaciones entre grupos sociales, mantiene en total

---

[4] En el artículo del periodista Joel Luna, se describe todo el paso del migrante atravesando todo México como si se estuviera pasando por cada uno de los círculos del infierno. (Ortuño 2013)

invisibilidad a los migrantes centroamericanos, puesto que centra la narración en los mexicanos que rodean a los migrantes y cómo estos pueden ser el otro, los encargados de marcar los límites, la discriminación y violentar a todo aquel que intente traspasarlos. La frontera es todo México, y como en los otros casos, se sigue presentando la triple frontera con el deseo de llegar a Estados Unidos y el miedo de atravesar el territorio mexicano. Antonio Ortuño logra un excelente ejercicio de cruce fronterizo, identifica la frontera con su continuidad, la caracteriza de manera individual mediante sus herramientas literarias de relato fragmentado y ciudad ficticia para tener libertad –dentro de la realidad de la ficción- pero al mismo tiempo la inserta dentro de la dinámica transnacional entre Centroamérica, México y Estados Unidos.

Es resaltable que los autores con mayor mercado en el centro de México dirijan sus narraciones a la frontera con Guatemala y Belice, así como lo hace Ortuño, Juan Villoro escribe su narconovela *Mérida* (2014). Sin embargo si en estas narraciones se siguen reproduciendo las mismas desigualdades que fuera de las ficciones, resulta contraproducente ya que no colabora en la producción de literatura en la región fronteriza ni ayuda a que las voces ignoradas dentro de la literatura nacional e internacional tengan resonancia fuera del nivel local. Santa Rita puede ser cualquier ciudad mexicana o hasta de algún otro país con altos flujos migratorios mas no puede ser Guatemala: la dirección del tránsito y el mantener al centroamericano dentro de un discurso de otredad, limita tanto o en mayor medida que la frontera misma.

5 Perspectiva guatemalteca

5.1   La poesía de la frontera

Durante la pesquisa de textos que conformaron el corpus para esta investigación, como ya expuse, lo más complicado fue encontrar ejemplos literarios del lado guatemalteco. Sin embargo, un aspecto que resultó muy interesante fue la presencia notablemente mayor de poesía. En el capítulo cuatro menciono el contexto del ambiente literario en Guatemala y su invisibilidad en contraste con los círculos literarios nacionales. La poesía se ha convertido en el género predilecto como respuesta frente a esta situación.

Existen proyectos editoriales independientes que impulsan la producción literaria, principalmente de la poesía, en Guatemala. Por ejemplo, la reciente editorial Catafixia creada en 2011, se desmarca de la presión oficial para dentro de la libertad que les da la autosuficiencia económica poder publicar autores nuevos. Aunque no se localice en la región de la frontera norte del país, puesto que editan desde la Ciudad de Guatemala, la editorial se autodefine como

> partícipe del territorio simbólico que asumimos como propio es el lenguaje. Formamos parte de una lucha, de una voluntad compartida y heredada por múltiples actores (de múltiples generaciones) con idéntica esperanza (Catafixia 2015).

Identifican la necesidad de generar un bloque generacional de autores guatemaltecos contemporáneos y con estas nuevas voces lograr actualizar vínculos con poetas de otras latitudes que comparten la misma sensibilidad poética. Por ejemplo, la colección *La Rueda* reúne a más de ochenta poetas del continente americano con la intención de hacer un mapa poético que parte de Guatemala, un lugar normalmente olvidado por el ámbito cultural del continente.

Entonces, estos nuevos proyectos, tanto oficiales como independientes, retoman la tradición poética que existe en Guatemala y la continúan para que adquiera visibilidad más allá del país. Así como escribió el poeta Javier Payeras *la poesía es más grande que el país donde habita* (2014), la cita anterior se encuentra en una compilación de poetas contemporáneos guatemaltecos que propone:

> Acercar la nueva literatura guatemalteca a ese diálogo con el presente. Apenas una muestra de trece autores en el minúsculo tramo de fe que es la poesía. Collage de poéticas, de visiones y de hablas contemporáneas unidas por la experiencia colectiva de vivir en una de las regiones más invisibles del planeta. (Payeras 2014)

La poesía funciona como herramienta de cambio, como medio para contar las experiencias, los sentimientos y como método para no olvidar el sufrimiento o los problemas por los que se enfrentan tanto dentro del país -con sus fronteras internas- como en el límite con otros países. Si se busca literatura fronteriza en Guatemala es inminente hacer un recorrido por su poesía, su lírica impregnada de emoción, acción social y movimiento. Con esto no niego la existencia de narrativa en forma de algún otro género —cuento, novela, etc.- sino que durante la búsqueda con mayor frecuencia encontré rastros de textos poéticos haciendo referencia al territorio en cuestión y sus puntos de contacto.

Julio Serrano Echeverría es realizador audiovisual y escritor nacido en Xelajú, Guatemala, en el año de 1983. En la actualidad forma parte del colectivo Cuatro Caminos, con el que colabora en la creación de proyectos audiovisuales. Además, publica ensayos, crónicas y reseñas en revistas de la región y cuenta con varias publicaciones de sus poemas, como por ejemplo: *Las palabras y los días* (2006), *TRANS 2.0* (2009), *Fractal* (2011) y *Actos de magia* (2012).

Su último libro llamado *Central América* fue publicado en 2013 por la editorial Valparaíso, se trata de un libro de poemas con los que representa el viaje desde Centroamérica hasta los Estados Unidos. Este libro sigue siendo distribuido en España, México y países de América Central, además cuenta con una versión electrónica con lo que logra tener mayor alcance de mercado. Con esta publicación logró la mención honorífica dentro del premio Alhambra de poesía en América. Se trata de poesía fronteriza, localizada en un desierto, describe el drama del camino que deben atravesar los migrantes durante su paso por México para llegar al paraíso prometido –frontera del deseo-. Sin basarse en hechos reales, representa, haciendo uso de imágenes poderosas llenas de interpretación y sentimientos, la situación liminal de lo que significa estar en medio y la crudeza del paso, el sufrimiento al que se exponen.

La frontera en *Central América* no es solo el primer punto de cruce entre México y Guatemala, es todo el camino, conecta a los tres países –o más si tomamos en cuenta toda Centroamérica- y son fronteras personales, muros que se encuentran en uno mismo y que deben ser superados para lograr cumplir el deseo, la necesidad de moverse, de escapar, siempre con dirección al norte.

La única nacionalidad que se menciona en el poema es la mexicana, los demás se intuyen dentro de un *nosotros* lírico. En esta ocasión los mexicanos forman parte de la otredad, acompañan en el camino y observan mientras que la voz poética se mantiene indeterminada.

> Y la mujer mexicana y sus cinco hijas a mi lado

> Serían un sueño de los cuerpos gigantes (Serrano 2013)

Los que vienen del centro, nacieron en el mar, pero ahora deben irse sin saber dónde caerán o a dónde llegarán, como en los textos de Nadia Villafuerte del lado mexicano, los que viven en el *medio* son los centroamericanos que migran para conseguir cumplir su sueño. Se hace referencia al pueblo K'iché, su relación con la naturaleza y la relación que tiene con los que están en movimiento, los de en medio. Destaca otra triada de imágenes, el bosque –K'iché- el sol –México- el desierto –el camino, la frontera- . En el poema se contactan estos tres conceptos y se encuentran unos a otros; el desierto, que proviene del mismo origen que los demás, el mar, que nace siendo una bestia que habita allá en el norte:

> Si recordáramos que cuando este desierto que atravesamos emergió de las aguas

> lo hizo como las grandes bestias que emergen de las
> aguas goteando de los colmillos
> hambrienta desprevenida
> atormentada creyendo ser
> la última bestia que emergía de las aguas. Allá al norte
> (Serrano 2013)

Entonces junto a la imagen del bosque, es posible detectar la relación entre este grupo con el nosotros del poema, si K'iché es bosque, los *del centro* son el árbol. Se identifican con la naturaleza, con la selva, las montañas y el mar. Un pueblo ancestral que se pierde durante el camino, buscando sombra en el desierto lo recorren para recuperar su memoria colectiva, *Es el día y el desierto se descascara como una serpiente seca cada piedra un árbol.*

> K'iché significa "bosque" y es un pueblo
> y es un pueblo ancestral
> y sé de qué me están hablando
> cuando me dicen la palabra bosque. (Serrano 2013)

Aunque la palabra de frontera no se mencione en ningún momento del libro, la idea o representación de ésta se encuentra presente durante todo el texto. La frontera es la línea que lo parte todo, es el desierto que debe ser enfrentado y atravesado, es una herida abierta. Sin embargo, la frontera se presenta de diferentes maneras, como una herida que pasa por dentro, una línea que *nos parte por dentro* (Serrano 2013), les marca el cuerpo como una cicatriz y también los muros que deben cruzar en su camino, las líneas que atraviesan inútilmente el desierto:

> Me dijeron que el desierto era seco
> me dijeron que me daría sed
> me dijeron que los pies ardían como el fuego.

> cuando desde lejos se observe un muro
> partiendo inútilmente el desierto
> tratando de partir estúpidamente el mar
> y tu estés al otro lado. (Serrano 2013)

El cuerpo es otro espacio donde se representa el viaje y la memoria, puesto que en el camino no hay memoria. Es en el cuerpo donde se marca esa línea media, donde es notoria la lucha en contra del desierto, para evitar que se pierda el recuerdo de los que han pasado antes. El yo lírico se representa en esta ocasión como un *nosotros*, no es el cuerpo sino los cuerpos y más específicamente *nuestros* cuerpos los que inician la travesía, los que sufren las líneas del camino. Esa voz poética en plural se dirige en discurso directo al *otro*, sin especificar a quien, se nombra un tú que puede ser cualquiera.

> Así fueron agrietándose
> las líneas en nuestras manos
> las líneas en nuestros pies
> como pequeños continentes que se unen (Serrano 2013)

El *nosotros* lírico se rompe dos veces durante los poemas. Primero en el fragmento de *Oración al ánimo de Juan Soldado*, donde el yo lírico se hace presente para pedirle desde la primera persona a San Juan Soldado que lo ayude para que sea invisible, que nadie lo note, *ayúdame aquí y del Otro Lado*. Segundo, en varios poemas del libro, Serrano hace uso de la prosa poética para narrar aspectos más apegados a la realidad, a la situación de los migrantes, por ejemplo, su espera en la terminal de autobuses y estadía en el Distrito Federal. El registro cambia, pero el ritmo entrecortado se mantiene.

> Militares. Policías. Gente apresurada triste y con miedo.
> Trajes de muchos colores. Tejidos y textiles en todos
> lados. Mujeres hombres y niños vendiendo comida y
> refrescos a través de las ventanas en las paradas de bus.
> (Serrano 2013)

El tiempo *se nos partió*, pareciera que no avanza en el poema, se repite y es necesaria la memoria para evitar que el transcurrir del tiempo se lleve los recuerdos, andar hacia el destierro es recuperar la memoria que el camino perdió, el desierto no tiene huellas y olvida a los que intentaron cruzarlo antes que *nosotros*.

> Piedra de la luz y Piedra de la sombra
> anciana madre de los desiertos
> brazo agitado de la tormenta
> herida sobre la piel del tiempo
> mapa indescifrable del destierro (Serrano 2013)

Salen para recordar(se), en *Central América* la memoria es parte del recorrido, *es un magma adormecido de la tierra atravesando el tiempo en erupción*. Aunque el trayecto sea incierto, deben crear su propio camino de flores amarillas que los guiará al pueblo donde esas flores son llamadas flor de muerto:

> La memoria es una travesía
> caminaremos el mar
> caminaremos la selva
> caminaremos el desierto
> piedra sobre piedra
> para recordarnos
> correremos en dirección opuesta
> para tensar el corazón
> para sacarle las palabras al pecho. (Serrano 2013)

Así como se menciona la cultura k'iché, son reconocibles otros elementos que acercan la lírica a la poética indígena. En el poema se presenta con frecuencia la aliteración o repetición de palabras o frases, esto aparte de ser una decisión estilística del autor, le otorga un ritmo melódico y mayor intensidad. Además, lo acerca a la tradición de la literatura oral, que se ha considerado característica de la cultura indígena. Para las culturas occidentales el uso excesivo de la reiteración es rechazado para evitar monotonía o perder interés del lector, sin embargo, para las culturas orales resulta natural enfatizar el mensaje mediante la repetición. (Ong 1982)

> Camino del viento
> camino de la luz
> camino de las piedras
> camino de los ríos
> camino de las montañas
> camino de las palabras
> camino de los abuelos
> camino de las madres
> camino de los hermanos
> camino de los amigos
> camino de los nietos (Serrano 2013)

En el fragmento anterior encontramos un excelente ejemplo de la repetición además de otro elemento del estilo poético: la agrupación de estructuras adjetivales que completan la aliteración. Con esta carga de epítetos reafirma la idea de continuidad dentro del camino, involucra al yo lírico en una secuencia hipnótica. Conecta, como ya se dijo, con la tradición oral casi a la manera de canciones populares, que intensifican el mensaje por medio de adjetivos necesarios para identificar y recordar lo que se menciona. En este caso, Serrano enfoca el poema en el camino y sus líneas que lo dividen.

Julio Serrano expresa en su libro de poesía una perspectiva distinta, focalizada desde el sentir del centroamericano, y cuenta la dificultad, la crueldad, la inseguridad que viven los migrantes al momento de intentar pasar al otro lado, El uso de la poesía se convierte en la única opción para hablar del tema. La frontera en *Central América* no refiere estrictamente a un límite geográfico sino a las fronteras sociales. Todo el territorio mexicano se convierte en frontera que separa a *la triple frontera* entre Guatemala, México y Estados Unidos. Del lado centroamericano no existe *la frontera sur*, el viaje consta de ir al norte, en este caso no distingue la frontera entre el límite geopolítico al sur de México (Chiapas) y el resto del territorio mexicano, pero siempre se tiene como objetivo final el cruzar el desierto para llegar a la frontera del deseo, dejando atrás la del miedo.

5.2 ¿Una generación de escritores fronterizos?

Ya mencioné acerca de la dificultad de encontrar textos del lado guatemalteco, esto me llevó a la búsqueda de los autores que producen dentro de la región fronteriza y a realizar un repaso por la creación literaria en los departamentos más cercanos a la frontera con México. Debido a la distancia con la que se enfrenta esta investigación, esta labor terminó siendo una cadena de contactos, donde cada texto conectaba con otros y cada uno de los autores o editores con los que hablé me recomendaban otros más.

La misma tarea, pero dentro del territorio mexicano ayudó a delimitar el lapso temporal del que parte esta investigación a textos de finales del siglo XX e inicios del XXI, del lado guatemalteco sucedió algo similar. El control militar y conflictos internos que existían durante casi todo el siglo pasado en Guatemala, que si bien la guerra terminó, siguen estando presentes muchas características y estructuras de esa etapa. Entonces, es a partir de los últimos veinticinco años cuando surgen nuevos movimientos culturales en el país. Buscan mediante la autogestión, lograr la independencia suficiente para proyectar sus creaciones literarias.

Este nuevo grupo respeta los grandes íconos de la literatura guatemalteca, pero sin exageraciones ni exaltaciones, y buscan reivindicar las figuras de otros autores cuyas voces fueron calladas por la represión militar, por ejemplo, Luis de Lion (1939-1984), escritor secuestrado y asesinado debido a su posición política. Apoyan la consolidación de los proyectos culturales en la región y son conscientes de la interacción e intercambio que se vive en la frontera con México, colaboran con proyectos editoriales más allá de las fronteras, en Tapachula por ejemplo, y promueven el contacto literario gracias a las ferias del libro en Xelajú o diversos departamentos fronterizos.

En el punto anterior, analicé a uno de los nuevos autores, Julio Serrano Echeverría, sin embargo, no es el único poeta que actualmente produce dentro de la región. Están presentes otros poetas como Marvin García y Alexander Socop. Los dos se dedican, aparte de escribir, a la gestión cultural y participan en la organización del Festival Internacional de Poesía de Quetzaltenango. Marvin ha publicado ya varios libros de poesía como *No somos los mismos* (Catafixia 2010) o *Solamente el cielo* (Editorial Vueltegato 2011), mientras que Alexander Socop cuenta con un libro publicado *Temblores del silencio* (Metáfora editores 2012.), además de participar en varias revistas electrónicas del continente americano.

Wingston González merece mención a parte debido a que nació del lado contrario a la frontera. Es un joven poeta de Guatemala ya con un libro publicado en editorial Cultura *Los Magos del crepúsculo* (2005) y un par de textos más están por ser editados. Entonces, a pesar de no venir de la región que trata este trabajo, actualmente vive en San Pedro Sacatepéquez, que se encuentra en el departamento fronterizo de San Marcos. En su obra juega con la estructura del poema e introduce en algunas partes caligramas que intensifican el sentido poético.

Aunque la frontera guatemalteca sobresale por su producción poética, también existen narradores que participan en el ámbito cultural de la región. Vania Vargas es poeta y narradora, igual que los primeros autores, nació en Quetzaltenango en el año 1978. Sus publicaciones incluyen su trabajo poético y su narrativa: *Cuentos infantiles* (Catafixia editorial 2010) y *Quizá ese día tampoco sea hoy* (Editorial Cultura 2010). Actualmente dirige el proyecto de la Editorial Cultura, una de las mayores editoriales en el país y por el momento vive en Ciudad de Guatemala.

Por último, otro narrador que nace cerca de la frontera y que enfoca sus textos en la creación de ficción es Martín Díaz Valdez, un joven escritor guatemalteco, nacido en Quetzaltenango en 1985. Formó parte de diversos colectivos literarios como *Ritual y Metáfora*. Su obra publicada consta de libros de poesía como *Hiedra* (Alianza Francesa en Quetzaltenango 2009) y *Este mal* (Catafixia Editorial 2010). Su último libro de relatos titulado *Escolopendra* –titulado así por un tipo de ciempiés con el mismo nombre- reflejan los intertextos poco tradicionales con los que Martín enfrenta la escritura, videojuegos, redes sociales, cultura pop.

En general, todos estos autores aquí mencionados podrían formar un grupo de escritores de la frontera, sin embargo, si tomamos la definición de literatura fronteriza como aquella que trata acerca de la frontera, esto no se cumple, solamente en Julio Serrano. Los demás no hacen mención de la frontera ni del límite con México, la mayoría no basan su estrategia narrativa o poética en un estilo realista centrado en situaciones actuales de migración o violencia. Sin decir que estos aspectos no se encuentren presentes en sus textos, ya que, aunque se traten de narraciones completamente ficcionales, es posible relacionarlos con el contexto histórico-social que acompaña al texto y al autor.

Son voces de la frontera, sus Yo líricos o personajes no buscan migrar, mas se encuentran siempre en movimiento. En muchos textos es imposible identificar *la triple frontera* que se trataba en los capítulos anteriores, no se menciona nacionalidades, ni flujos, pero con esto se marcan los límites hacía el otro. Se está formando un grupo de nuevos autores guatemaltecos que defienden un estilo propio, buscan que se hable de Guatemala en los círculos literarios por ser ellos y no por su relación con el otro, ni por sus fronteras. Queda abierto el cuestionamiento para investigaciones posteriores de si estos nuevos escritores de la región conforman una corriente particular de escritura dentro del ambiente guatemalteco y latinoamericano, para entonces darle seguimiento a su relación con la frontera entre México y Guatemala.

6. Conclusiones

El presente trabajo inició con la duda de si existen ejemplos de literatura fronteriza entre México y Guatemala, para concluir, cabe contestar ese cuestionamiento con una respuesta igual de ambigua que la frontera misma: sí y no. El investigar este tipo de temáticas generó otras preguntas y abre otras perspectivas de investigación rumbo a visibilizar la literatura de la región y de toda Centroamérica.

Sí. Existe una literatura producida en y acerca de la frontera, tanto del lado mexicano como del guatemalteco. Sería imposible negar la presencia de productos culturales de este tipo, pero es importante resaltar la influencia que siguen teniendo los círculos nacionales literarios en ambos países y las relaciones asimétricas entre grupos, ya que todo esto mantiene en la marginalidad a todas estas voces. El impacto que tenga cada texto dependerá del lado del que sea producido puesto que, en esta relación entre México y Guatemala, a este último normalmente se le relega al segundo sitio o a una posición inferior. El pasado histórico que comparten estos dos países nos permite rastrear la continuidad de las relaciones entre estados-nación y grupos sociales, la frontera en esa región no significa un conflicto cultural sino político. Por consecuencia, las asimetrías vividas en la región fronteriza se sustentan sobre aspectos como la nacionalidad, clase social y género; el lenguaje, aunque forme parte imprescindible de los mecanismos de pertenencia a un grupo, no resaltó como característica principal del conflicto. La frontera según el planteamiento inicial es porosa y permite gran continuidad cultural. En parte esto se confirma actualmente por los diferentes flujos migratorios que existen en la zona, ya sea para migrar al norte o simplemente como trabajadores temporales que cruzan durante unos meses a contratarse en ambos lados. Sin embargo, esta continuidad no se refleja de igual manera en el intercambio o creación literaria.

No. Existen varios proyectos editoriales independientes que intentan publicar autores fronterizos o libros con temática de los límites con total libertad económica y de contenido; estas propuestas ayudan a motivar el contacto entre escritores y lectores de diferentes lugares transfronterizos. Sin embargo, estos esfuerzos no corresponden a la formación de una generación de autores que hablen sobre la frontera, ni a la creación de una categoría literaria que proyecte un estilo de escritura fronteriza.

La literatura de frontera actualmente se centra en los flujos migratorios, en narrar el paso de los migrantes de Guatemala por México para llegar a Estados Unidos. Así que, aunque en fondo se trate de un tema fronterizo, dentro de esta tematización hegemónica de la frontera, no sobresalen estrategias narrativas o técnicas que varíen la forma del texto y que sean particulares para esta frontera. Habrá que ver cómo se presenta la narrativa de esa región, si el contacto se mantiene presente, igual que la continuidad cultural mencionada anteriormente y siguiendo con el concepto de este trabajo, la idea de la triple frontera solo indica que se fortalecerá. La presencia de Estados Unidos dentro de la realidad que conforma la frontera altera la relación entre los otros dos países, ya que la intensidad del flujo migratorio, la "porosidad" del límite y la discriminación vivida durante el trayecto dependen en gran medida de políticas migratorias internacionales.

El corpus que encontré durante mi investigación, aunado con los textos analizados en esta tesis, nos ayuda a confirmar que la literatura de la frontera entre México y Guatemala se encuentra en un proceso de identificación propia, busca desmarcarse de la frontera norte con Estados Unidos. Además, intenta representar a la frontera y sus conflictos actuales. Funciona como registro de la realidad que se vive en esa región, la perspectiva del lado mexicano parte de la metáfora de la frontera del miedo para representar la violencia, inseguridad y desigualdad sufrida por los habitantes de las ciudades-frontera. En cuanto al lado guatemalteco, sus textos son aproximaciones desde la poesía, al viaje que enfrentan los centroamericanos donde la frontera no se encuentra en el sur de México sino en todo su territorio.

La frontera sur de México inicia en la frontera norte de Guatemala, los estudios de esta situación fronteriza necesitan mayores proyectos que teoricen las producciones culturales y así generar un marco teórico específico para esa región, la falta de investigaciones al respecto solo acusa la asimetría que se presenta entre fronteras, el límite entre México y Estados Unidos silencia sistemáticamente las relaciones de la frontera. Espero que, junto a la literatura de la frontera, los estudios fronterizos en la zona se desarrollen con acercamientos interamericanos que permitan una perspectiva más transnacional y decolonial de las dinámicas socioculturales evidenciadas en este trabajo.

Esta tesis debe formar parte de investigaciones posteriores que se involucren con la literatura indígena, la producción literaria como agente de cambio en la frontera, incluir a Belice dentro del análisis, roles de género en la frontera y muchos otros cuestionamientos que fueron resultado de este ejercicio académico. Por último, debo repetir que esto es sólo la punta del iceberg, queda mucho por realizar para que poco a poco, las voces que por el momento son invisibles y marginales, logren gritar y ser escuchadas no como parte de la frontera, ni provenientes de la *otra* frontera, sino de manera independiente, voces liminales de la triple frontera entre México, Guatemala y Estados Unidos.

Bibliografía

Acta de independencia de Centroamérica (1821). Consultado el 10 de junio de 2015. Extraído de http://biblio.juridicas.unam.mx/libros/4/1575/7.pdf

Anzaldúa, Gloria. (2007). *Borderlands* (3. ed.). San Francisco, Calif.: Aunt Lute Books.

Bhabha, H. (1994). *Cultural Diversity and Cultural Differences*, en B. Ashcroft, (ed.). Post- Colonial Studies Reader. London: Routledge, 206-209

Borch, Christian (2002). *Interview with Edward W. Soja: Thirdspace, Postmetropolis, and Social Theory*, Distinktion: Skandinavian Journal of Social Theory Vol.3, Iss 1.

Bürki Yvette (2006). *Representaciones estéticas de la oralidad en La Mara de Rafael Ramírez Heredia*, Universidad de Basel, Suiza.

Canclini, Néstor García. (1998). *Culturas híbridas*. Miguel Hidalgo: Ed. Grijalbo Canclini, Néstor García. (1998). Culturas híbridas. Miguel Hidalgo: Ed. Grijalbo.

Catafixia (s.f). Fecha de acceso: el 30 de julio del 2015, http://catafixiaeditorial.com/editorial/

Censo Nacional XI de Población (2002). Instituto Nacional de Estadística, Guatemala. Extraído http://www.ine.gob.gt/

Cordova, Juan Pohlenz (2005). *Formación histórica de la frontera México Guatemala* en: Las fronteras del istmo:

Fronteras y sociedades entre el sur de Mexico y America Central. Mexico: Centro de estudios mexicanos y centroamericanos.

Cuevas Velasco, Norma Angélica (2011). *El norte y el sur de México en la diversidad de su literatura*, México, Juan Pablos editor.

Fábregas, Andrés (2005). *Vivir la frontera sur de México* En: Las fronteras del istmo: Fronteras y sociedades entre el sur de México y América Central. México: Centro de estudios mexicanos y centroamericanos.

---(2008). *El concepto de frontera como teoría en el análisis de la regionalidad mexicana* en Regiones y esencias, Estudios sobre la gran Chichimeca. México, Colegio de San Luis.

FIL Guadalajara (2011). Centroamérica, fuerte y presente en la FIL Guadalajara. Comunicado de Prensa 28 de noviembre 2011, México.

Giménez Béliveau (2011). *La "triple frontera" y sus representaciones. Políticos y funcionarios piensan la frontera*, Revista Frontera Norte, México.

Grimson, Alejandro (2010). *Fronteras, estados e identificaciones en el Cono Sur*. CLACSO, Consejo Latinoamericano de Ciencias Sociales.

---(1999). Fronteras, naciones e identidad, periferia como centro. La Crujía, Argentina.

Gutiérrez, Augusto (2013). *Ruptura y continuidad en la poesía indígena contemporánea escrita en castellano de*

México y Guatemala. Concordia University, Montreal, Canadá.

Halbwachs, Maurice (1968) *La memoria colectiva*. Zaragoza: Prensas Universitarias de Zaragoza. Edición española 2004

Kunz, Marco. (2008). *La frontera sur del sueño americano: la Mara de Rafael Ramírez Heredia* en Susanne Igler /Thomas Stauder (ed.): Negociando identidades, traspasando fronteras. Madrid/Frankfurt: Iberoamericana/Vervuert pp.71-82

Lattimore, Owen D. (1968). *The Frontier in History*. en Theory in Anthropology: A Sourcebook, Chicago, Aldine.

Lefebvre, Henri (1991). *The production of space*. Londres. Blackwell. Print

López, Marissa K. (2011). *Chicano nations: the hemispheric origins of Mexican American literature* New York, NY [u.a.], New York Univ. Press.

Luján Muñoz, Jorge. (1998). *Breve historia contemporánea de Guatemala*. Colección popular; 552 (1. ed.). México: Fondo de Cultura Económica.

Manzanas, Ana María (2007). *Border transits: literature and culture across the line*. Amsterdam [u.a.]: Rodopi.

Martín, Ix'iloom Laura (2005). *Luis de Lión y la persistencia de la tradición retórica maya, Memorias del Congreso de Idiomas Indígenas de Latinoamérica-II*, 27 – 29 de octubre, University of Texas at Austin

Mijail M. Bajtín. (1982) *Estética de la creación verbal.* Siglo XXI Editores, México.

Monsivaís Carlos (2003) "Where are you going to be worthier?" en Michael Dear, Gustavo Leclerc (ed.) Postborder city: cultural spaces of Bajalta California. New York. Routledge

Nájera-Aguirre, Jéssica Natalia (2013*). Los trabajadores migrantes y sus familias en la frontera México Guatemala.* Newsletter Letras Migratorias. Observatorio Migratorio Internacional. México.

Oesterreicher, Wolf (1996). *Lo hablado en lo escrito. Reflexiones metodológicas y aproximación a una tipología* en: Kotschi, Thomas/Oesterreicher, Wolf/ Zimmermann, Klaus (eds.) El español hablado y la cultura oral en España e Hispanoamérica, Madrid/Frankfurt, Iberoamericana/Vervuert.

Ong, Walter (1999) *Oralidad y escritura: Tecnologías de la palabra.* México: Fondo de Cultura Económica, Impreso.

Ortuño, Antonio (2013). *La fila india*, México, D.F. Océano.

Ortuño, Antonio (2014). "La Fila India; el infierno está en México" entrevista por S.G. Estrada, Revista Zócalo, México.

Payeras, Javier (2014). *Microfé.* Poesía Guatemalteca contemporánea. Catafixia Editorial, Guatemala.

Ramírez Heredia, Rafael (2004). *La Mara*, México, Alfaguara/Kindle, reimp.

Ramírez, Blanca Rebeca (2003). *Modernidad-posmodernidad, globalización y territorio: un recorrido por los campos de las teorías*. México. Universidad Autónoma Metropolitana / Miguel Ángel Porrúa.

--- (2004). *Lefebvre y la producción del espacio. Sus aportaciones a los debates contemporáneos*, Revista Veredas N°8, Universidad Autónoma Metropolitana, México.

Romero, Rolando (1993). *Border of Fear, Border of Desire*, Revista Borderlines 1.1 (Septiembre) pp.36-70

Saldívar, José David. (1995). *The dialectics of our America. Post-contemporary intervention*s (2. printing.). Durham [u.a.]: Duke Univ. Pr.

Schacht, Efraín (1992). *Presentación a Nweihed* en Kaldone G. Nweihed, Frontera y límite en su marco mundial, Ediciones de la Universidad Simón Bolívar, Caracas, Venezuela.

Sepúlveda, C. (1983). *La frontera norte de México: historia, conflictos, 1762-1982*. Editorial Porrúa. México

Soja, Edward (1989). *Posmodern Geographies*. Nueva York. Editorial Verso.

Soja, Edward (1996). *The trialectics of spatiality*, en Thirdspace, Blackwell Publishers

Soja, Edward W. (1995). *Postmodern geographies*. Haymarket series (4. impr.). London [u.a.]: Verso.

Tabuenca Córdoba, María Socorro (2003). *Aproximaciones críticas sobre las literaturas de las fronteras* en Por las fronteras del norte. Biblioteca mexicana: Serie sociología (1. ed.). México, D.F.: Consejo Nacional para la Cultura y las Artes

Toscana, David (2012). *En México hay centralismo literario*. Entrevista en Periódico Noroeste de Sinaloa. México

Toussaint, M. (2005). *Justo Rufino Barrios, la Unión Centroamericana y el conflicto de límites México-Guatemala*. en Bovin, P. (Ed.), Las fronteras del istmo: Fronteras y sociedades entre el sur de México y América Central. Centro de estudios mexicanos y centroamericanos.

Tratado sobre límites (1882). Celebrado el 27 de septiembre de 1882. Secretaría de relaciones exteriores. México.

Valenzuela Arce, José Manuel [Ed.]. (2003). *Por las fronteras del norte*. Biblioteca mexicana: Serie sociología (1. ed.). México, D.F.: Consejo Nacional para la Cultura y las Artes

Vara Muñoz, José Luis (2010). *Un análisis necesario: epistemología de la geografía de la percepción* en Papeles de Geografía 51-52 pp.337-344.

Vargas Llosa, Mario (2002). *La verdad de las mentiras*, Santillana Ediciones, España.

Zorrilla, Luis G. (1984). *Relaciones de México con la Republica de Centro America y con Guatemala*. Biblioteca Porrua ; 82. Mexico: Porrua.